FACULTÉ DE DROIT DE PARIS

LE

RÉGIME DOUANIER DE LA TUNISIE

THÈSE POUR LE DOCTORAT

SOUTENUE LE VENDREDI 8 JUIN 1900, A 8 HEURES 1/2

Par Louis COLLAS

Président... M. Estoublon, professeur.
Suffragants... M. Souchon, professeur.
M. Gide, professeur.

PARIS
A. PEDONE, ÉDITEUR
LIBRAIRE DE LA COUR D'APPEL ET DE L'ORDRE DES AVOCATS
13, RUE SOUFFLOT, 13

1900

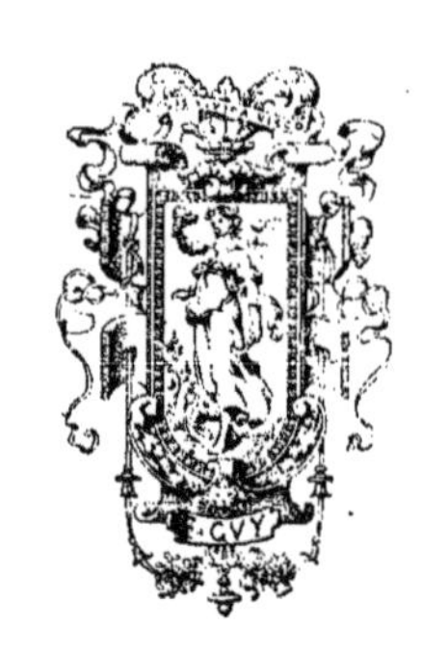

LE RÉGIME DOUANIER

DE LA TUNISIE

La Faculté n'entend donner aucune approbation ni improbation aux opinions émises dans les thèses; ces opinions doivent être considérées comme propres à leurs auteurs.

FACULTÉ DE DROIT DE PARIS

LE

RÉGIME DOUANIER DE LA TUNISIE

THÈSE POUR LE DOCTORAT

SOUTENUE LE VENDREDI 8 JUIN 1900, A 8 HEURES 1/2

Par Louis COLLAS

Président..... M. ESTOUBLON, professeur.

Suffragants... M. SOUCHON, professeur. M. GIDE, professeur.

PARIS
A. PEDONE, ÉDITEUR
LIBRAIRE DE LA COUR D'APPEL ET DE L'ORDRE DES AVOCATS
13, RUE SOUFFLOT, 13

1900

BIBLIOGRAPHIE

AMÉ. — *Étude économique sur les tarifs de douanes.* (Étude sur les tarifs de douanes et les traités de commerce).

BACQUÈS (H.). — *Les douanes françaises.*

BONNARD (Paul). — *Dénonciation avant le 8 septembre 1895 du traité italo-tunisien de 1868.*

Bulletin de la Société de géographie commerciale (année 1898).

CAUWÈS. — *Cours d'économie politique* (4 vol.).

Dictionnaire de législation tunisienne, et supplément, par MM. Bompard et Caudel.

Documents diplomatiques : 1° *Protectorat* (1881) ; 2° *Révision des traités tunisiens* (1896-1897).

Documents parlementaires. (Chambre des Députés).

ESTOUBLON. — *Cours de législation et économie coloniales* (année 1898-1899).

FAUCON (Narcisse). — *La Tunisie* (2 vol.).

Journal officiel de la République française.

Journal officiel tunisien.

LEROY-BEAULIEU. — *Traité d'économie politique* (4 vol.).

PLANTET (Eugène). — *Correspondance des Beys de Tunis avec la Cour de France* (3 vol., 1893-1899).

Procès-verbaux de la conférence consultative tunisienne.

Rapports au Président de la République, sur la situation de la Tunisie (années 1881-90, et 1891, 1892, 1893, 1894, 1895, 1896, 1897, 1898), publiés par le ministère des affaires étrangères.

Régence de Tunis, Réception du 1er janvier 1890, à la Résidence générale de la République française.

RENAULT (Louis). — *Cours de droit international public, La question d'Orient* (1897-1898).

Revue algérienne et tunisienne de législation et jurisprudence, de 1885 à 1899.

ROUSSEAU. — *Annales tunisiennes* (1864).

Statistique générale du Protectorat français, publiée par la Régence de Tunis (1892).

Tunisie (La) devant les Chambres. (Appel des colons français aux membres du Parlement).

Tunisie (La), (1° Histoire et description ; 2° Industrie, agriculture, commerce), publiée par la Résidence (4 vol.).

INTRODUCTION

La Régence de Tunis. — Sa situation primitive et ses relations politiques, commerciales, douanières avec les Etats d'Europe.

La Tunisie, pays musulman et, à cause de cela, longtemps rebelle à la civilisation chrétienne et européenne, était restée en dehors de toutes relations commerciales, politiques, même humaines, peut-on dire, avec l'Europe, jusqu'au XIIIe siècle.

1. Au moyen âge, les Turcs, c'est-à-dire les Musulmans, étaient en dehors du Droit des Gens de la Chrétienté; la Papauté faisait un devoir à tout chrétien de combattre les infidèles, comme le Coran, d'autre part, prêchait aux Musulmans l'extermination des Chrétiens; par ce moyen, la Guerre sainte existait entre les adeptes des deux religions d'une manière permanente. Mais comme d'une part cette guerre permanente ne pouvait durer toujours d'une façon active, et que d'autre part on ne pouvait conclure une paix véritable, on traitait avec les Turcs au moyen de trêves d'abord temporaires, puis qui devinrent, plus tard, par la force des choses, perpétuelles.

C'étaient de vrais traités qui ne portaient pas le nom de paix, mais celui de trêves et de capitulations[1]. Ce

[1] M. Renault, *à son Cours de Droit international public*.

régime dura fort longtemps, depuis le début des relations entre Turcs et Chrétiens, jusqu'à la prétendue alliance de François Ier avec Soliman et même plus tard, car nous devons nous souvenir que la consécration de l'entrée des Turcs dans le concert européen, c'est-à-dire la participation des Turcs au droit des gens, aux règles du Droit international public et privé, ne date que du traité de Paris qui mit fin à la guerre de Crimée, ce qui n'est pas encore bien éloigné de nous.

Jusqu'au XIIIe siècle donc les *Reys de Tuniz* étaient d'une manière permanente plus ou moins en guerre avec les Etats chrétiens du bassin méditerranéen ; la cruauté de leurs sujets, leur manque d'industrie, leur paresse élevée à la hauteur d'un dogme, leur religion qui leur faisait un devoir de combattre les chrétiens partout et toujours, étaient autant d'obstacles à la paix commerciale qui était, en effet, bien loin d'exister. Montés sur des bâtiments légers, armés en course, avec des équipages de fanatiques sans aveu, les Tunisiens tentaient d'arrêter tout bâtiment ne battant pas pavillon à croissant, et dans ces rencontres, le plus souvent ils avaient l'avantage. Tunis était par ce moyen, ainsi que les principales villes de cette région, largement approvisionnée en esclaves et en marchandises de toutes sortes.

Les souverains des Etats chrétiens baignés par la Méditerranée avaient compris le danger qu'il y avait à laisser vivre impunément ces pirates pour le commerce et les sujets de leurs Etats. De là les expéditions plus ou moins heureuses de Charles-Quint, de Don Juan d'Autriche et de Louis XIV, pour ne parler que des plus célèbres ; la piraterie continuait toujours néanmoins à être une industrie très prospère et bien tunisienne ; bref, la fin de cette honte pour l'Europe ne devait arriver que sous le règne du Roi de France Charles X, qui le premier prit pied sur la terre d'Afrique en débarquant des troupes en Algérie et en bombardant toute la côte septentrionale africaine, nous préparant une vaste et magnifique colonie par les soins de son excellente politique.

II. Mais bien avant d'avoir recours à cette extrémité d'un bombardement et d'une prise de possession, les Turcs comme les Chrétiens avaient compris qu'il était de leur intérêt commun d'être en relations amicales ; c'est pourquoi, malgré les prescriptions religieuses qui prêchaient la guerre sainte des deux côtés, des traités intervinrent dès le XIIe siècle, c'est-à-dire bien avant l'époque de l'établissement de la Régence à Tunis.

Parmi ces traités passés avec la plupart des Etats, nous étudierons d'abord ceux intervenus avec la France. Ils s'occupent, entr'autres questions, de la navigation, du commerce et surtout des tarifs de douane. Il n'a pas été possible de passer sous silence certains événements politiques qui, quoique n'intéressant pas directement le fond de ce sujet, étaient cependant indispensables à l'intelligence des changements qui se sont produits si fréquemment dans ces tarifs, les événements politiques réagissant toujours plus ou moins, tôt ou tard, sur les relations commerciales.

III. Ce régime douanier, encore en vigueur jusqu'à ces dernières années, était très ancien et très rudimentaire[1]. De temps immémorial, le gouvernement tunisien a demandé une grande part de ses ressources à des droits d'entrée sur les produits étrangers et de sortie sur les produits indigènes. Ces droits étaient presque toujours de 10 0/0; dans les traités de commerce du Moyen âge, ils portent même souvent le nom de *dixième* ou *dîme : decimum, decennum, decima*. Ils n'étaient jamais inférieurs à 5 0/0. Cette règle comportait toutefois de très notables exceptions dans un cas comme dans l'autre. Les bijoux et les joyaux, par exemple, ne payaient à leur entrée, en Tunisie, qu'un droit très réduit; les céréales étaient admises en franchise. Pour l'exportation, les marchands chrétiens étaient autorisés à exporter en pleine franchise une quantité de marchandises égale en valeur à la totalité des marchandises importées par eux en Afrique.

Les traités de 1271 et 1285, conclus entre l'Aragon et Tunis portent que les sujets du Roy d'Aragon (Majorcains, Siciliens, Roussillonnais, habitants de la seigneurie de Montpellier), payeront le demi-droit seulement sur les marchandises achetées par eux avec le prix du louage de leurs navires. Les rois d'Aragon réclamèrent contre cette disposition et demandèrent pour leurs marchands la franchise entière accordée aux autres étrangers. Ils l'obtinrent à partir du traité de 1314, qui, dans son article 13, porte que le *demi-droit même ne sera pas payé*.

Quand le blé n'excédait pas un certain prix en Afrique et quand d'ailleurs la disette était manifeste à Gênes et à Venise, le gouvernement de ces Etats

[1] Narcisse Faucon, *La Tunisie*, 2 vol.

s'était fait reconnaître la faculté d'extraire, en toute franchise, une certaine quantité de blé de la Régence. Le blé, la farine, le biscuit, tous les grains, et généralement tous les vivres destinés à la nourriture des équipages, n'acquittaient aucun droit de sortie. Les Vénitiens avaient, en outre, la faculté, réservée par privilège à leur Nation, d'exporter en franchise tout le plomb et le minerai de plomb qu'ils pouvaient découvrir ou se procurer dans le royaume de Tunis[1].

Indépendamment des droits généraux et fixes qui se prélevaient à l'importation et à l'exportation des marchandises, il y avait certains droits secondaires : droits de *giornata*, et de *kataïa*, droit de *colis*, droit de *pesage*, de *mesurage*, etc..., les uns prévus par les traités, les autres réglés par l'usage local et exigés à l'occasion de l'arrivée ou du départ d'un navire, pour la garde ou le pesage de certaines marchandises, pour le service des écrivains et pour le salaire des interprètes. Ces droits étaient presque tous, sauf le dernier, d'une nature indéterminée. La perception, soit en argent, soit en denrées, en était souvent laissée, quant à la forme et à la quotité, à l'appréciation des marchands chrétiens ou des employés arabes; aussi cette perception donnait-elle lieu à de continuelles contestations. La diversité de ces droits, leur manque d'uniformité, les difficultés de perception qui exposaient les marchands à de perpétuels procès étaient les moindres défauts de cette législation douanière[2].

Un peu plus tard, tout le régime douanier tunisien

[1] Narcisse Faucon, *op. cit.*
[2] Narcisse Faucon, *op. cit.*

consistait en un droit unique de 8 0/0 *ad valorem*, frappant à l'importation toutes les marchandises, quelle qu'en fût la nature ou l'origine ; toutefois, par des traités conclus avec la plupart des Etats européens, les Beys s'étaient engagés à accorder aux provenances des Etats le traitement de la nation la plus favorisée, c'est-à-dire à les faire bénéficier de toutes les réductions de tarif, accordées à d'autres puissances [1].

Ce sont ces traités particuliers, consentis avec les puissances européennes, que nous allons tout d'abord étudier.

[1] M. Estoublon, *à son cours*.

CHAPITRE PREMIER

Rapports des Beys de Tunis avec la France et Traités de Commerce Franco-Tunisiens de 1270 a 1830.

1. Le plus ancien document relatif aux relations entre Tunisiens et Français remonte à 1228 et 1255 ; ce sont les statuts municipaux de la ville de Marseille. Ils se rapportaient au commerce des vins avec Tunis et à la nomination faite par les armateurs et les marchands d'un agent consulaire. Un commerce d'importation française en Tunisie existait donc déjà à cette époque, mais les documents et les récits du temps nous apprennent que ce commerce était peu sûr, l'ancienne mauvaise foi punique semblait fleurir de pair avec la piraterie barbaresque. Les plaintes des marchands de Marseille s'élevaient nombreuses et trop légitimes, hélas !.....

On recourut à des remontrances et aux traités. C'est dans cet esprit que fut conclu le traité du 21 novembre 1270, entre « le Prince illustre Philippe III, roi de France, fils de saint Louis, le Prince illustre Charles d'Anjou, roi de Sicile, le Prince illustre Thibaut, roi de Navarre, et le Commandeur des Croyants Abou-Abdallah-Mohammed, roi de Tunis. » Ce traité assurait à tous les chrétiens la liberté du commerce et de leur religion. Malheureusement, pour les Tunisiens comme pour les autres Turcs, la valeur d'un traité n'était estimée que suivant la crainte inspirée. Un traité sans galères à l'appui risquait bien de rester à l'état de lettre morte. La piraterie recommença et nous voyons se produire des plaintes de marchands français le 15 juin 1293 pour toutes les vexations subies de la part du roi de Tunis, et des réclamations en restitution de marchandises capturées en décembre 1317[1].

Louis II de Clermont, duc de Bourbon, fit une expédition en 1390 contre Méhédia, sans grands résultats probablement, car les vols et les pillages se succèdent après cette date, comme avant. Louis XI a beau écrire au roi de Tunis en 1482 pour voir se développer plus librement les relations commerciales entre les deux Pays, rien n'y fait. On mit alors des arbalétriers sur les galères pour les défendre, on organisa des croisières *pour espier ces malfaicteurs*.

L'histoire enregistre les expéditions de Pierre Simoneau, de Fontenay-le-Comte, à but commercial ; et des tentatives infructueuses d'ailleurs d'une flotte franco-gênoise sur la Goulette et Bizerte, et d'une flotte de 23 vaisseaux sous les ordres de Pierre de Navarre pour débarquer au cap Bon, ou assiéger Monastir. Malgré les périls de la course, les relations commerciales entre la France et la Barbarie furent encouragées par les souverains du Magreb, de là date l'exploitation du corail de Tabarque à Bône. Les marins provençaux fondent en 1478 un comptoir très important au cap Nègre. Malgré l'alliance de la Cour de France avec les

[1] Eugène Plantet, *Correspondance des Beys de Tunis*, Ier vol.

Turcs, les progrès de la piraterie s'accentuent au détriment du commerce et des bons rapports franco-tunisiens [1].

Le 28 mai 1577, Henri III établit à Tunis pour la première fois un consul de France, par lettres patentes. C'était la consécration de relations fort anciennes; mais jusqu'en 1830, elles se poursuivront avec alternative de plaintes et doléances et de traités de commerce et d'amitié. Le pacha de Tunis écrit en 1579 à Henri III pour l'assurer de ses intentions pacifiques et amicales, mais il est si mal obéi par ses sujets que les Français, pour se protéger contre eux, fondent la *Ligue des Ports de la Provence contre les Barbaresques*, en 1585.

Savary de Brèves, ambassadeur du roi Henri IV à Constantinople, fit le premier, à Tunis, en 1605, reconnaître des capitulations; ce qui n'empêcha pas les pirateries de continuer, et les Marseillais, effrayés et indignés, armèrent 7 navires en 1616 sous le commandement du chevalier de Malte, de Vincheguerre, afin de délivrer les esclaves chrétiens et de brûler les galères tunisiennes à la Goulette *avec des chemises ou toiles mixtionnées d'artifices de feu.* Un accord intervint alors, on s'engagea à restituer des deux côtés les prises et à maintenir la paix. Le délégué marseillais, Bourrely, parvient, à force d'instances, à se faire rendre 182 Français et quelques prises. *Les armateurs sont les plus grosses testes de ce lieu, contre lesquelles il n'y a justice. Enfin sont corsaires et fault que quelque chose pâtisse, mais le Bey n'est pas le maistre, et il ne peut em-*

[1] Eugène Plantet, *op. cit.*

pècher les Levantins de faire la course, nos navires estant la pluspart chargés de marchandises. Ils ont l'estomac sy bon qu'ils ne rendent rien facilement, disait-il à son retour à Marseille.

Ces paroles promettaient ; les hostilités recommencèrent avec une audace extrême : les corsaires de Bizerte et de Porto-Farina ont réuni leurs galères à celles de la Régence d'Alger ; les Provençaux se répandent en doléances, car en cette courte période ils ont perdu vingt millions. Louis XIII, pour éviter tout dommage de ce chef, interdit le commerce avec l'Afrique, ce qui était un peu radical, puis il organise la campagne de Gondi contre les pirates, édicte un *Règlement pour la mer* et fait construire des galères *prestes à servir hyver et esté pour nettoyer les rivages* et s'apprête à investir Porto-Farina. L'ambassadeur de Louis XIII à Constantinople, M. de Césy, réclamait en même temps les satisfactions dues auprès de la Porte, et prit très bien les intérêts de notre marine marchande, mais ce qu'il vit lui démontra qu'il fallait châtier les pirates soi-même, le Sultan ayant dit lui-même que *sy les Barbaresques désobéissent encore à ses ordres, il les desclarera rebelles et les abandonnera.* On lui restitua 37 esclaves, mais il eut à se répandre en de nouvelles plaintes à l'annonce de récentes pirateries. En 1624, il fit envoyer en mission à Tunis un gentilhomme corse de valeur, Samson Napollon, qui parvint à ramener en Provence 150 Français après avoir gagné par des présents la plupart des officiers du Divan, bien que dans les audiences consacrées à ces affaires, les seigneurs les plus influents *saignaient du nez et sortaient du palais,* comme au temps de Savary, de Brèves, pour s'épargner l'embarras d'une consultation publique ; il fit promettre aux puissances de vivre à l'avenir en bonne intelligence avec nous.

Après avoir opéré à la satisfaction de tous, Napollon repart en Afrique pour obtenir un traité des Algériens et le rétablissement de l'ancienne concession du Bastion de France, et pour tenter une expédition armée contre Tabarque, île du littoral tunisien, du consentement de Richelieu. Napollon avait fort bien compris que tant que les Génois tiendraient cette petite forteresse, ils tiendraient toujours en échec notre influence en Tunisie. Malheureusement cette expédition échoua et Napollon y périt. Mais en 1628, il avait signé à Alger un important traité de paix ; le ministre, M. de Loménie y crut sans écouter M. de Césy, qui affirmait qu'*on ne pouvait tirer aucun bon remède de ceste Porte, que ceux de Barbarie n'aient premièrement senti quelque bastonnade des François.*

Les pillages reprirent donc et avec une audace plus grande, car les pirates vinrent dévaster les communes maritimes de Provence, et emmenèrent dans leurs ports de 1629 à 1631, 82 navires et 1.330 marins ou passagers. Le Divan faisait patienter le Consul, lui disant qu'il tenait plus que lui à *la Bonne Correspondance*, mais le Consul découragé demanda de *se voir retirer de cest misérable pays.*

En 1631, les captifs envoyèrent une supplique touchante au roi Louis XIII ; ils peignaient les horreurs de leur captivité et les épouvantables souffrances qu'ils enduraient. La Cour, secouée de sa torpeur, finit par s'émouvoir, on envoya des ambassadeurs pour traiter, s'occuper de l'élargissement des esclaves, et régler les différends à l'avenir. On voulait également que le Divan fût représenté à Marseille par un homme de condition. L'intimidation insuffisante que notre ambassadeur de Sourdis sut inspirer n'aboutit que partiellement au résultat désiré. On restitua donc seulement quelques esclaves. Le Dey Osta-Morat avait pourtant une réelle amitié pour nous et chacune de ses lettres aux Echevins de Marseille était accompagnée d'une caisse de dattes, mais un jour il avoua son impuissance, sa crainte de ses sujets, en disant *que n'ayant qu'une tête, il désirait la conserver*, et en même temps 12 bâtiments de Marseille étaient enlevés et leurs cargaisons vendues. Le Divan d'ailleurs n'avait jamais été naturellement aussi prodigue de gages de *la Bonne Correspondance*.

Un chevalier de Malte, Paul, allait suggérer à la Cour la conduite à tenir, en ouvrant la campagne contre les Barbaresques. Il combina tout un plan contre les Régences, et voulait courir sus aux vaisseaux barbaresques et combler leurs ports; maçonner à l'entrée de Bizerte deux ou trois vaisseaux, et les couler à fond pour fermer ce port aux pirates. Avec une armée de 25.000 hommes, on pourrait subjuguer toute la Barbarie.

Avec six vaisseaux il commença une campagne vigoureuse, continuée par le marquis de Martel et le duc de Beaufort qui voulait venger son insuccès de Djidjelly; avec 34 vaisseaux il prit en un combat 60 canons aux Barbaresques. On fit la paix le 25 novembre 1665: la guerre n'existera plus entre Tunis et le Royaume de France, l'article 2 de ce traité stipule la mise en liberté réciproque des prisonniers moyennant 150 piastres, l'article 3 et 4, la sécurité des bâtiments en pleine mer; l'article 5 permet aux navires des deux nations de vendre sans payer un droit autre que celui qui sera payé par les amis, c'est une sorte de clause de la nation la plus favorisée, et de plus, donne le droit aux équipages de se ravitailler sans payer aucun droit ; l'article 8 : les marchands pourront vendre leurs marchandises en toute sécurité, en ne payant que les droits ordinaires, celles non vendues, pourront être réexportées, sans payement d'aucun droit ; l'article 9 stipule le droit de se radouber dans les ports de la Régence. L'article 10 promet aux naufragés français sur le littoral tunisien aide et confort, avec réciproque. Les articles 11 et suivants donnent droit d'asile aux esclaves à bord des bâtiments français et empêchent l'esclavage des Français ; ils fixent les immunités du Consul français, les règles de compétence et de succession. L'article 29 prévoit le cas de rupture de paix, et stipule pour le Consul le droit de quitter Tunis, sans être inquiété [1]. On exécuta ce traité ; nous dûmes payer 30.575 piastres pour le rachat de nos esclaves, et la mission revint en France.

Deux ans après, en 1666, nouvelles déprédations. En trois ans, nous perdons neuf vaisseaux, des marchandises pour 1.500.000 livres et 510 hommes réduits en esclavage. Le consul Ambrozin écrivit que *ces Messieurs ne gardaient plus aucune mesure, qu'ils le comptaient pour rien, et qu'il ne pouvait faire rendre gorge à ces gens-là.* Enfin, Louis XIV et Colbert envoyèrent seize vaisseaux avec le marquis de Martel : la croisière et le blocus des Régences dura vingt-sept mois, le Divan libéra 300 esclaves. On aboutit au traité du 26 juin 1672, qui est la reproduction presque exacte de

[1] Rousseau, *Annales tunisiennes.*

celui de 1665. Louis XIV continua à faire croiser ses flottes dans la Méditerranée, mais un an après le consul écrivait que *ces gens-ci recommençaient à s'émanciper à leur ordinaire*. On eut à déplorer, comme par le passé, les mêmes pirateries. Il fallut repartir en guerre contre eux, la guerre civile régnait alors à Tunis, et il était impossible de se faire écouter.

Après le traité de Nimègue en 1678, Louis XIV envoya à Tunis le maréchal d'Estrées avec des *Instructions*, pour en finir une bonne fois. Ces instructions comportaient la confirmation du traité de 1672, *de façon à donner une sûreté entière au commerce maritime*. Elles demandaient la mise en liberté des captifs et la concession du Cap Nègre, avec privilèges exclusifs d'exploitation. Le maréchal partit avec dix-neuf vaisseaux et arriva en grand apparat devant la Goulette ; après de longues et habiles négociations, il obtint tout ce qu'il voulut et signa le traité du 30 août 1685, pour cent ans. Ce traité important, le premier qui ait eu quelques conséquences, punissait publiquement le plus dangereux des Reïs, les Tunisiens ne pouvaient plus faire aucune prise, les captifs devaient être restitués. Le droit d'ancrage était réduit à 30 piastres pour les bâtiments français, alors que les Anglais payaient deux barils de poudre ; les droits d'entrée et de sortie étaient de 3 0/0, quand les étrangers payaient 8 à 11 0/0 d'entrée et 5 0/0 de sortie. L'usage humiliant de la remise du gouvernail à l'agha de la Goulette était supprimé. Le consul français et la Nation avaient la liberté du culte catholique. Notre consul avait la prééminence sur les autres et juridiction sur ses nationaux, le droit d'arborer le pavillon royal, de s'approvisionner sans payer de droits de douane et de s'embarquer avec les négociants en cas de nouvelles hostilités. Le droit de visite serait exécuté par deux hommes seulement et sans armes. Les saluts dûs par les forts à nos vaisseaux devaient être d'un plus grand nombre de coups de canon que ceux de toutes les autres nations. Enfin, le Roi de France prenait sous sa protection, comme s'ils étaient ses sujets, les missionnaires qu'on ne devait inquiéter ni dans leur personne, ni dans leurs biens, ni dans leur chapelle. D'Estrées fit signer ce traité par toutes les puissance du Divan, à Tunis comme à Sousse [1]. L'enthousiasme fut énorme à Tunis, où on fit des prières publiques pour Louis XIV, et ce dernier écrivit une lettre de félicitations au Maréchal pour le remercier du succès de sa mission.

L'année suivante, le marquis de Mortemart fut envoyé à Tunis consolider nos bons rapports et inspecter notre concession du Cap Nègre. Ceci n'était pas inutile, mais il faut constater qu'à partir de cette époque *la Bonne Correspondance* entre les pays s'affirma d'une manière plus efficace et plus sincère qu'auparavant. Un agent de valeur, Sorhainde, était notre consul et mit *nos affaires sur le bon pied*; seul d'entre nos consuls, dans les Etats Barbaresques, Sorhainde vivait à Tunis en excellents termes avec les puissances à qui la Cour de France avait fait rendre 200 captifs par le Roi d'Espagne. Notre agence commerciale du Cap Nègre nous rendait de grands services pour l'approvisionnement en blé de la Provence et des armées. Ce comptoir, le Comte de Pontchartrain avait bien com-

[1] Rousseau, *Annales Tunisiennes*.

pris qu'il était un précieux auxiliaire de la Royauté pour le maintien de notre influence dans les Etats Barbaresques. Le Roi, de plus, faisait accompagner chaque convoi de blé par ses frégates, ce qui donnait toute sécurité et montrait constamment notre pavillon sur les côtes d'Afrique. De 1689 à 1705, la Tunisie est en proie à la guerre civile, la rivalité entre Beys et Deys trouble tout le pays.

Nous n'avons à signaler dans cette période que le traité du 10 juin 1698, signé par le maréchal d'Estrées, qui n'est que le renouvellement de celui de 1685. A ce dernier traité de 1698 est annexé un bref signé de notre consul Sorhainde, qui confirme d'une façon toute spéciale l'article 15 du traité de 1685. Ce bref de juin 1698 confirme les faveurs à nous accordées : droit de 3 0/0 de douane pour les Français pour les importations qu'ils font en Tunisie, ceci comprend les marchandises que les Français apporteront ou feront apporter de France, et même de Livourne et d'Italie et autres lieux, lesquelles ne devront que le dit droit de 3 0/0. Bien entendu, si un marchand français faisait venir des marchandises sous son nom et qu'il fût justifié qu'elles appartiennent aux Juifs ou à toute autre nation autre qu'aux Français, en ce cas la marchandise qui sera en fraude sera et demeurera confisquée au profit du Beylick, et le marchand français, qui sera tombé en faute, tenu de payer 11 0/0 de la valeur des marchandises confisquées, savoir : 7 0/0 de restitution de ce qu'il aura voulu frauder à la douane, et autant pour la peine de la contravention.

II. Sorhainde, notre consul à Tunis en 1700, ne tarda

pas à avoir des démêlés graves avec le Bey Amurah, au sujet de notre concession du cap Nègre, et le marquis de Nesmond eut bientôt une mission à remplir auprès du Bey, pour lui demander réparation, sinon Bizerte, Porte-Farine et la Goulette seraient bloqués. Par le traité du 31 octobre, Amurah nous donna satisfaction. Le successeur d'Amurah, Ibrahim-el-Chérif usurpa les deux dignités de Dey et de Bey que la Porte sanctionna, et fut bientôt remplacé par Hossein, fondateur de la dynastie actuelle. Malgré le désir que le nouveau Bey exprima de vivre en bonne intelligence avec notre consul Sorhainde, une rupture se produisit à propos d'une question d'étiquette, puis d'une contribution forcée, levée sur les Français, enfin l'insulte et le pillage de bâtiments français. Sorhainde se voit menacé des fers, aussi une escadre de trois navires, commandée par le capitaine Laigle, appareille-t-elle de France pour mettre le Bey à la raison. *Il devra le mettre en garde aussi contre les propos des Anglais qui l'assurent de la faiblesse de la marine royale, quand il y a à Toulon, seulement, vingt vaisseaux de guerre armés en course.* L'Angleterre avait déjà cherché à contrecarrer, par ces procédés hypocrites, l'influence française en Egypte. Nos consuls savaient déjouer habilement leurs intrigues et *balancer* les Anglais en Tunisie [1]. Nous savons que ces procédés, s'ils sont vieux, sont encore employés par l'Angleterre, notre ennemie héréditaire et implacable.

En tous cas, Laigle obtint justice immédiatement, le Bey Hossein s'excusa publiquement de ses violences,

[1] Eugène Plantet, *op. cit.*

délivra les Français captifs, et renouvela le traité de 1685, le 16 décembre 1710 : c'en est presque la copie. Sorhainde fut alors remplacé par Michel, comme consul de France. De nouvelles difficultés étant nées, ce fut à Denis Dusault, le plus habile des négociateurs français dans les Etats Barbaresques, qu'était réservé l'honneur d'imposer à Hossein le traité centenaire de 1720, ayant pour bases les articles du traité de 1685. Les ravages des corsaires barbaresques ayant repris, et les réponses évasives du Grand-Seigneur ayant fini par irriter Louis XV, il envoya une escadre sous les ordres de M. de Mons, puis une autre sous les ordres de M. de Grandpré. Pignon, notre consul alors, avait signalé en même temps que le moment était favorable. En effet, le Bey, menacé de tous côtés, ne put que faire sa soumission et la paix fut conclue *aux conditions les plus glorieuses pour le Roy et les plus avantageuses pour la Nation, qui aient été jusqu'ici obtenues en Tunisie.* Le traité du 1er juillet 1728 renouvelait tous les précédents, et reçut des additions favorables au commerce et des dispositions restreignant la piraterie barbaresque. Le Bey s'engageait à faire exprimer à la Cour son repentir par des ambassadeurs extraordinaires et souscrivait à la formule de pardon mentionnée au traité. Ces ambassadeurs partirent immédiatement, et, après des péripéties, arrivèrent à Versailles. On les promena partout, ils furent émerveillés et comblés de présents ; le chef Youssouf-Khodja emportait 3.000 livres, un beau diamant, une chaine et un médaillon en or, les estampes des palais et jardins du Roi. Sitôt arrivé à la Goulette, il remerciait Maurepas de ses bontés, et lui envoya encore pendant plusieurs semaines après, des lettres, *voire aussi vingt bouteilles d'eau de fleurs d'oranges*, et amenait la réconciliation du Pacha de Tripoli avec la France.

Mais ce traité solennel n'était qu'un armistice. Dès 1732 les rapines ne se comptent plus, et notre consul Boyer de Saint-Gervais déplore l'impossibilité où il se trouve de faire restituer des cargaisons pillées. La Cour, convaincue de l'inutilité des expéditions armées, revient au système moins dispendieux des croisières, et favorise plus que jamais l'extension du commerce. Le chevalier de Luynes part en mission, mais doit parler *sans menaces*, car Louis XV ne veut apporter aucune entrave au commerce. Hossein est d'ailleurs assassiné et Ali, seul maître du Royaume, prit sa place; le successeur de Saint-Gervais, Gautier, nous fait un odieux portrait de ce Bey. Gautier quitta bientôt son poste, car il n'était plus en sûreté et constamment humilié. Le roi de France envoya alors des frégates surveiller les côtes tunisiennes, à défaut de consul, mais peu après arriva la malheureuse aventure de Tabarque.

La conquête de cette petite île était le rêve de tous les diplomates et des voyageurs, au courant des choses barbaresques, depuis plus de cent ans; Samson Napollon et Richelieu, et tous nos consuls pensaient qu'elle était nécessaire. L'île fut attaquée à l'improviste le 1 juillet 1742 par M. de Saurins, approuvé par le Ministre, mais les Français furent complètement défaits; malgré leur vaillance, ils succombèrent en grand nombre. Les vivants furent réduits en esclavage, emmenés à Tunis, ce fut lamentable. Pour calmer la fureur du Bey, la Cour de Versailles désavoua l'expédition, et révoqua le directeur du comptoir de la Calle, qui avait fourni les troupes. Un nommé François Fort, qui était l'ami du Kaznadar, fut chargé avec M. de Massiac d'entamer les négociations qui aboutirent au traité du 9 novembre 1742. Les conditions furent peu flatteuses pour nous, mais le Cap Nègre fut rendu à la Compagnie d'Afrique. Quant à Tabarque qui était perdue, Maurepas écrivit à son consul : *Ne manquez pas de susciter toutes sortes d'obstacles aux nations qui voudraient s'en emparer.* C'est ce que firent nos consuls qui paralysèrent les démarches de la Cour de Turin en 1750, de l'amiral anglais Keppel en 1751, d'une compagnie génoise en 1752 des Danois en 1756 et 1760, des Génois en 1757, des Vénitiens en 1764, des Anglais en 1770. Par ce traité de 1742, tous nos anciens traités sont confirmés, le Bey relâcha 530 esclaves et les bâtiments détenus, notre commerce fut restauré avec tous ses privilèges. François Fort qui s'était révélé diplomate fut nommé consul et fit signer un traité complémentaire le 24 février 1743 qui donnait satisfaction à la compagnie d'Afrique, qui s'était plainte d'avoir été négligée dans le traité de 1742 [1].

Le rétablissement de la paix permit au Roi de réglementer plus étroitement le commerce à Tunis; six maisons françaises seulement eurent le droit d'y négocier ; chacune ne put avoir qu'un régisseur et chaque régisseur deux commis, *pour ne pas trop multiplier le trop grand nombre de nationaux et les discussions domestiques qu'il entraîne.* Les six maisons françaises firent de bonnes affaires, mais en 1752, elles déclinèrent par suite de la guerre civile qui éclate entre Ali-Bey et Sidi-Younès, son fils, puis entre Mohammed et Ali, qui est

[1] Rousseau, *Annales tunisiennes.*

renversé. La Nation française y perdit beaucoup; tout fut saccagé, l'hôpital des Trinitaires, l'hospice des Capucins, le Fondouk lui-même avec la chapelle Saint-Louis et les archives.

Mohammed au pouvoir appela notre Consul de Sulauze pour lui affirmer ses excellentes dispositions pour les Français, mais Mohammed mourut peu après en 1759 et son frère Ali lui succéda. Ce souverain très intelligent fut pendant tout son règne un chaud partisan de l'entente franco-tunisienne et des progrès de la civilisation dans son pays. Il consentit à construire à ses frais un hôpital et une église pour les missionnaires capucins, et tançait toujours les pirates qui avaient trahi *l'amitié du roi de France*. Sous son gouvernement, le commerce, qui avait été réduit à un état lamentable après l'invasion algérienne avant Mohammed prit peu à peu un développement considérable. De Saizieu, notre consul alors, homme remarquable, avait conclu avec le Bey, dont il avait su se faire un ami, une convention en 1765 qui empêchait les corsaires marocains de trouver asile ou à vendre leur butin dans aucun port de Tunisie, et un traité du 14 mars 1768, avantageux pour la compagnie d'Afrique. Le Cap Nègre était abandonné, mais nos colons pouvaient établir leur exploitation dans un autre port, à Bizerte. Le privilège de la pêche et du commerce était fixé à deux ans, avec renouvellement à notre seul consentement. Les deux ans écoulés, on voulut nous retirer ces privilèges, ce fut une des causes des nouvelles hostilités de 1770 ajoutée à ce que le Bey prétendait légitimer les prises effectuées sur les Corses, récemment annexés à la France, comme n'étant pas Français; malgré la correspondance très ferme du Duc de Praslin, il fallut recourir à la force. La guerre fut déclarée en mai 1770.

Le Consul, avant le début des hostilités, avait passé avec sa famille à bord d'un vaisseau du Roi, et les nationaux avaient pu quitter Tunis, avec l'agrément du Bey, et celui-ci même n'omit rien durant la guerre pour la conservation de leurs marchandises et de leurs intérêts commerciaux. Ce ne fut qu'après le bombardement de Portofarina, Sousse et Bizerte, qu'on aboutit aux deux traités du 13 septembre 1770, qui rendaient à la liberté plus de 80 captifs corses et conservaient les privilèges de la compagnie d'Afrique. Des envoyés allèrent selon l'usage apporter à Louis XV à Versailles l'hommage et la soumission du Bey.

Nous devons constater que les rapports entre les deux Etats s'améliorent de plus en plus et que la place de la France en Tunisie devient réellement prépondérante. La préférence du Bey pour les Français est remarquable, que ce soit pour une concession au cap Nègre, ou une vente de blé ou de chevaux arabes, de restitution de prises, ou d'honneurs au corps consulaire.

Dès 1709, Hossein s'engage sur parole *à ne rien accorder aux Anglais qui pût nous déplaire*. Pour les tarifs de douane surtout, la France bénéficie d'un tarif inférieur à celui des autres nations. Le consul de France a le privilège d'entrer au Bardo avec *des escarpins de cuir*, l'épée et l'uniforme de commissaire de la Marine, alors que nul ne peut y pénétrer avec des chaussures ou des armes. Il a la prééminence sur tous ses collègues, c'est un droit qui ne peut souffrir, dit le ministre Rouillé, *ni discussion, ni explication*. Nos vaisseaux sont salués d'un plus grand nombre de coups de canon que ceux des autres nations. Mais malgré ces honneurs, nos consuls ne doivent pas s'endormir dans une sécurité trompeuse, nous savons qu'ils durent veiller constamment au maintien de leurs droits et de ceux de nos nationaux, s'occuper de faire relâcher des navires, des captifs, des marchandises et déjouer les ruses des *Puissances* ou des Consuls étrangers qui nous enviaient beaucoup. Leur tâche est rude; très peu payés, ils doivent cependant offrir des cadeaux au Bey et à ses officiers et supporter des dépenses imprévues.

Depuis le traité du 13 septembre 1770, la paix et l'amitié régnaient entre le Bey et le roi de France ; le prince tunisien devait par intérêt faire régner les bons rapports, les actives relations d'affaires entre les deux pays *sans aucun retour sur le passé*, il cultivait l'amitié du consul de France.

Barthélemy de Saizieu a regagné son poste le 13 octobre 1771 et à ce moment la *bonne correspondance* n'a jamais été meilleure entre Louis XV et Ali-Bey. Des présents, des ambassades, des promesses sont échangés. Notre amitié devait l'aider à réformer ses Etats et il nous prodiguait ses amitiés : égards très marqués pour la personne de notre consul, faculté pour la Compagnie d'Afrique d'exporter des grains en Provence, malgré les prohibitions de sortie qui frappent les denrées tunisiennes (la même faveur sera sollicitée par l'agent d'Angleterre, mais en vain). Les visites des officiers de la marine française se succèdent sans interruption ; en effet, depuis 1770, toute une escadre évolue dans la Méditerranée, pour la protection du commerce. Ce système des croisières a été repris ; quoique coûteux c'est encore plus sûr et plus économique que de courir la chance d'avoir de nombreux vaisseaux pris par les corsaires. Notre prestige s'est donc relevé très promptement, c'est le fruit de l'habileté de Saizieu et aussi du bon vouloir du fils aîné du Bey Hamouda et son beau-frère, premier ministre de la Régence : Mustapha-Khodja, tous deux très chauds partisans de l'alliance franco-tunisienne.

A la mort du roi Louis XV, Ali-Bey envoya au nouvel empereur de France, Louis XVI, un ambassadeur extraordinaire, Suleyman, qui revint à Tunis, après un séjour à Versailles qui le ravit, porteur d'une quantité de présents pour le Bey et son entourage. En 1778, de Saizieu rentrait en France, après avoir rédigé pour son successeur, le vice-consul Devoize, des instructions excellentes que ce dernier mit très bien en œuvre. Le vieil Ali s'était résigné au remplacement de son ami et tint à régler sans plus attendre la dernière question litigieuse entre les deux Etats. C'était la mise en liberté de cinquante esclaves corses ; leur liberté nous coûta cher : environ 180.000 livres. Le 8 juillet 1779, arriva à la Goulette le nouveau titulaire du poste de consul à Tunis, J.-B. du Rocher, auparavant à Tripoli. Très habitué à l'Orient, où il avait vécu longtemps, parlant avec facilité le turc et l'arabe, il avait su plaire à la Cour du Bey. L'affaire la plus sérieuse, la plus délicate qu'il eut à traiter, concernait les privilèges de la Compagnie d'Afrique. Cette Compagnie, fondée en 1741, avait fait confirmer ses droits dans la Régence tunisienne par le traité de 1768. Un an après, elle installait une factorerie à Bizerte et passait des contrats avec les pêcheurs de corail de l'île Sainte-Marguerite et d'Ajaccio. Mais Ali-Bey s'était opposé à ces marchés et avait forcé des marchands à évacuer ce nouveau comptoir. La guerre survint ensuite. Le traité de 1770 prorogea tous les droits de la Compagnie d'Afrique, la dispensant de payer sa redevance de 1.500 piastres pendant six ans. Rentrée en possession de Bizerte et du cap Nègre, la Compagnie d'Afrique crut préférable de se consacrer à l'exportation des grains, plutôt qu'à la pêche du corail. Sur ces entrefaites, des offres supérieures furent faites de Mahonnais et de Siciliens; mais de Saizieu fit donner ce privilège au ministre et gendre d'Ali, qui rétrocéda son monopole à la Compagnie pendant dix ans. Les choses en restèrent là; cependant les associés, d'accord avec le consul de France, ne purent se résoudre aux conditions onéreuses qui leur étaient proposées, soit 20.000 piastres de redevance. La Compagnie d'Afrique avait donc renoncé à s'entendre avec Mustapha et préféré le *statu quo*, c'est-à-dire l'abandon provisoire de droits séculaires. Du Rocher comprit le danger de pareils atermoiements; il obtint des associés marseillais quelques sacrifices et rappela à temps au Bardo l'article 8 du traité de 1728 : *Il ne sera accordé aucun privilège à d'autres nations qui ne soit dans le moment commun à la française, quoiqu'il ne soit pas spécifié dans le présent traité ou les précédents.* Ces négociations aboutirent à la convention du 21 juin 1781, ratifiée quelques jours après par la Compagnie d'Afrique, qui était satisfaite : tous ses droits étaient consacrés solennellement, les limites de son monopole s'étendaient aux rivages compris entre Tabarque et la Tripolitaine. Ses comptoirs lui étaient conservés, la protection de ses agents et de ses bateaux garantie ; elle pouvait résilier ses engagements ou les renouveler après six ans d'exercice. Ses redevances ne montaient qu'à 13.500 piastres, chiffre bien inférieur aux offres de ses concurrents.

Le 26 mai 1782, le vieux Bey-Ali mourut et son fils aîné, Hamouda, lui succéda ; il allait régner jusqu'en 1814. Malgré les hostilités même les plus déclarées, la France continuera d'exercer son action féconde en Tunisie. En 1785, apparait son premier symptôme de mauvaise humeur, il se plaint que la Cour de France ne lui ait pas seulement offert pour son avènement *un seul petit bouquet* en signe d'amitié. Du Rocher engage à lui envoyer des cadeaux et le marquis de Castries, alors à la Marine, lui envoie un bijou et un autre pour Mustapha-Khodja. — Mais pendant quatre ans, nous n'avons qu'un simple vice-consul, du Rocher étant rentré en France en 1782, d'Esparron le remplace et en 1787 l'Espine de Châteauneuf lui succède ; malgré l'habileté de ce dernier, sa mission fut sans profit. Notre influence est décidément mieux soutenue par nos flottes que par nos consuls.

En décembre 1790, le secrétaire d'Etat à la Marine notifie aux Puissances africaines le changement du pavillon de France (loi du 31 octobre). Quatre mois plus tard le pavillon est reconnu, le consul ayant offert des présents au Bey. De plus un vent de révolte semble être passé sur la colonie française à Tunis, elle se plaint de souffrir *de certains usages et procédés vexatoires introduits dans le Fondouk*, des tarifs de la Chancellerie, du prix du pain, des entraves apportées aux affaires des marchands, des coutumes arbitraires qui régissent les armateurs. Il y en a qui ont rédigé des *cahiers* de doléances et ont joint des dénonciations calomnieuses contre le consul ; Châteauneuf part à Versailles en congé pour se disculper. Mais le Bey défend le consul et écrit à Fleurieu : *A Dieu ne plaise que sur la foi d'imposteurs et de gens si peu délicats vous consommiez la perte d'un vieux serviteur de l'Etat qui compte plus de vingt ans de services.* Ainsi donc, au début de la Révolution française, les affaires de Tunisie commencent à prendre une tournure des plus fâcheuses. Châteauneuf quitte Tunis, malgré le Bey, et c'est M. de Villeneuve qui le remplace comme vice-consul, mais les relations officielles avec Hamouda-Bey restent fort tendues, les multiples griefs des nationaux nécessitent une enquête sur place, l'envoi d'un négociateur extraordinaire s'impose à bref délai, si le gouvernement veut éviter une rupture définitive et la guerre en Barbarie[1].

III. La période qui va s'ouvrir est très agitée et fertile en incidents diplomatiques; elle s'étend de 1792 à 1815.

La suspicion, l'espionnage le plus vil, les enquêtes inavouables sur la vie privée même du consul et de tous ceux qui l'approchent, les dénonciations hypocrites et lâches, tout l'appareil officiel mis au service de la jalousie et de la haine, la loyauté vaincue et l'intrigue triomphant au nom du civisme, tel est le spectacle qu'il nous faudrait décrire, si chacun n'avait présent sous les yeux ce même spectacle, ces mêmes scènes atroces qui se déroulaient alors dans la Mère Patrie,

[1] Eugène Plantet, *op. cit.*

sous la Révolution, et dont celles de Tunis n'étaient qu'une faible répercussion.

Pour faire cesser la crise que traversaient à cette époque les relations franco-tunisiennes, Louis XVI envoya un négociateur sage, M. Devoize, ancien gérant du Consulat de Tunis, par intérim. Il partit donc, et le 1 avril 1792 arrivait à la Goulette où il reçut du Bey *un accueil fort distingué*. Il refit connaissance avec Mustapha, toujours ministre, et sut se mettre bien avec tout le monde. Au Fondouk, tout rentrait dans l'ordre, le consul de Villeneuve, *homme d'esprit et bien éduqué*, assurait le service et s'appliquait à calmer les esprits. Les cabales, les réclamations avaient cessé. Devoize réussit parfaitement dans sa mission, il avait racheté des esclaves, réglé des comptes de prises, transigé sur les contestations les plus litigieuses. Quoiqu'on n'ait rien eu à reprocher à Chateauneuf, on nomma consul-général à Tunis, le négociateur Devoize, qui avait su se mettre si bien en cour au Bardo, le 24 juin 1792.

Devoize, que le renversement de la Royauté avait jeté en de cruelles perplexités, fut chargé de notifier au Bey, le 31 mai 1793, la nouvelle constitution et de lui remettre une lettre du Conseil exécutif de la République française. Un envoi de présents considérable estimés 82.000 livres suivit. Hamouda donna à Devoize des preuves de son attachement et même de sa préférence. Les corsaires doivent épargner les grains destinés à la Provence bien qu'embarqués sous pavillon ennemi de la Régence. Il est vrai qu'en vertu d'une entente commune, la municipalité de Marseille s'est engagée à payer une prime de 25 sequins (environ 200 francs) par 100 kaffis de blé (333 charges) de provenance tunisienne. Pour encourager cette exportation si nécessaire à l'armée d'Italie, Devoize promet aux reïs une gratification de 30 sequins. Le Comité de Salut Public accorda au Bey le relâchement de trente-huit esclaves tunisiens capturés dans les eaux de la Corse avant la guerre et des munitions de guerre promises autrefois par le consul Chateauneuf.

Hamouda devenait plus serviable à mesure que la République faisait la paix avec les États coalisés. Notre pavillon ayant été reconnu, fut arboré en grande pompe le 12 thermidor an II. Devoize trouvait au Bardo des sympathies respectueuses et désintéressées, et la faculté de ravitailler la Provence. Notre agent obtint tout cela par ses qualités éminentes et son soin à cultiver toujours dignement l'amitié du Bey. Il allait être récompensé d'un labeur opiniâtre et persévérant, singulièrement fructueux, par l'envoi d'un représentant du Comité de Salut Public, Herculais, qui allait lui causer les plus amers déboires. Cet envoyé extraordinaire du Comité de Salut Public, dont la sottise et l'ignorance étaient complètes, en cela semblable à ses collègues, se proposait de tout réformer et de tout dénoncer.

Dès la seconde audience du Bey, ses présents sont refusés et sa personne déplait. Sa bêtise est extrême, il expose au Comité de Salut Public *la décadence du commerce à Tunis, le peu d'utilité que la France en retire, malgré tout ce qu'on dit dans les gazettes, les dépenses inutiles du Consulat, etc...* Devoize d'après lui sert les royalistes et dirige ses sarcasmes contre tous les patriotes. Malgré une lettre très digne et très juste de Devoize, le Directoire a nommé à sa place le citoyen Beaussier (23 nivôse an IV). Devoize demande l'explication de cette révocation, à se défendre devant la nation entière et part pour la France.

Notre nouveau consul ne sait que célébrer le triomphe de la Révolution et déplaît presque autant qu'Herculais ; ce dernier, à son retour de Tripoli, sent que tout va mal autour de lui, il craint le poison ; *les intrigues de toute nature, déployées contre sa mission*, l'ont abattu, paralysé, il annonce, non sans dépit, que sa présence à Tunis n'est plus nécessaire. Aux Relations Extérieures, on commençait à se préoccuper des réclamations provoquées par Herculais ; Devoize était à Paris et soumettait au Ministre tout un dossier de justifications, attestations élogieuses, certificats de civisme et de bonne conduite, témoignages de gratitude des directeurs de la Compagnie d'Afrique. Le Bey lui-même avait écrit une lettre en faveur du persécuté. L'examen des pièces du procès ayant provoqué une enquête sur l'Inspecteur des Échelles barbaresques, le Directoire fut saisi le 18 pluviôse, an V, d'un premier rapport sur la mission. On y constate des faits graves de nature à justifier la révocation. On découvrit qu'Herculais avait commis des escroqueries en Espagne et avait les mœurs les plus dépravées, qu'*il n'avait ni les connaissances, ni la capacité, ni l'habitude des affaires, ni l'esprit conciliant, ni la prudence qui auraient pu rendre sa présence en Barbarie utile à la République*. Il a eu entre les mains de grosses sommes dont il ne justifie pas l'emploi.

Personne n'était plus apte à relever le prestige de la République que Devoize, maintenant lavé des accusations fausses qui avaient pesé sur lui ; le Directoire s'était prononcé pour sa réintégration au consulat de

Tunis. Muni de nouvelles lettres de créance, Devoize repassa la mer sur une frégate de l'État et fut réintégré dans ses fonctions avec tout le cérémonial d'usage; admirablement reçu par le Bey et les puissances, chacun allait s'ingénier à lui faire oublier *ses désagréments*. Mais les difficultés vont recommencer. Le traité de Campo-Formio avait reconnu à la République la souveraineté sur les îles vénitiennes de Corfou, Céphalonie, Zante, Saint-Maur, Cérigo et dépendances, la protection du consulat s'étendait donc sur les esclaves de cette provenance; Devoize eut le bonheur de pouvoir faire délivrer en moins de deux mois, gratuitement, quarante-quatre individus. Grâce à lui, tous les commerçants des pays d'Italie, réunis à la France, ne payèrent plus que 3 % de droit de douane au lieu de 5 % qu'ils payaient auparavant; aussi Talleyrand adressa-t-il des éloges à son subordonné.

L'expédition d'Égypte devait causer à notre consul de grands ennuis. Il avait beau calmer le Bey, la population était irritée de voir un pays musulman envahi; de plus, le sultan ordonnait la rupture avec la France à Hamouda; c'est ce qui arriva finalement. Le 14 nivôse an VII, le pavillon de la République fut abattu, les Français furent parqués dans le Fondouk, les scellés apposés sur leurs magasins, les navires avec leurs équipages, qui étaient en rade, déclarés de bonne prise, enfin faculté pour les reïs de courir sur nos bâtiments, de capturer équipages et marchandises. Devoize donne alors la mesure de son génie, il ravitaille Malte par des navires neutres, renseigne Talleyrand par des agents secrets sur la campagne d'Égypte, les croisières anglaises dans la Méditerranée, les vraies positions de l'ennemi, les événements de tout le Levant. Il soumit ensuite à Talleyrand l'idée d'adresser une lettre énergique au Bey que Bonaparte, alors Premier consul, signa le 5 mai 1800. Elle demandait le rétablissement des relations politiques et commerciales comme avant la rupture, la délivrance des nationaux et des marchandises et donnait pleins pouvoirs pour négocier à Devoize. Cinq mois et demi après, les négociations étaient près d'aboutir, quand tout fut remis en question par l'arrivée d'un nouveau capidji du Grand-Seigneur.

Le 15 février, le consul de France fut invité par le Bey à se retirer en France avec ses compatriotes. Un an après Devoize revenait à son poste sur un navire de l'État, armé en parlementaire. Pressé d'en finir, Bonaparte l'avait chargé de remettre à Hamouda une lettre polie mais ferme. Jamais négociation plus délicate n'avait été entamée à Tunis. Il fallait y renouveler les serments tant de fois jurés, et réorganiser tout le commerce national de cette échelle, entièrement disparu dans l'orage révolutionnaire.

C'est ce que fit le traité du 23 février 1802; le Bey souscrivit à presque toutes les demandes du commissaire : tarif douanier, choix des drogmans, juridiction consulaire, liberté des captifs, respect des personnes et des biens en cas de rupture, confirmation du traité de 1742... Nous n'avions pas encore la clause du traitement de la nation la plus favorisée, mais nous avions mieux, puisque l'article 2 de ce traité dit que puisque la nation française *comme étant la plus distinguée et la plus utile des nations établies à Tunis, devait être toujours la plus favorisée*. L'article 5 nous apprend en quoi consiste cette faveur : « Les marchandises venant de

France sur bâtiments français, soit à Tunis, ou autre port de sa dépendance, continueront à ne payer, comme ci-devant, que 3 0/0 de douane, et le douanier ne pourra exiger ses droits en marchandises, mais seulement en espèces ayant cours sur le pays; les sujets tunisiens jouiront en France du même privilège. » L'article 6 est tout aussi favorable : « Toute marchandise provenant des pays ennemis de la Régence et que les Français importeront à Tunis, continuera à payer 3 0/0 de douane, et en cas de guerre entre la République française et une autre puissance, les marchandises appartenant à des Français, chargées en France, pour compte de Français et sous des pavillons neutres, amis de la Régence, ne payeront que 3 0/0 jusqu'à la cessation des hostilités; la réciprocité sera exercée en France envers les Tunisiens. » L'article 7 a trait « aux censaux Juifs ou étrangers résidant à Tunis, au service de Français; ils seront sous la protection de la République. Mais les marchandises qu'ils importeront dans le Royaume payeront le droit de douane à l'instar des puissances dont ils seront les sujets. S'ils ont des différends avec les Maures ou les Chrétiens du pays, ils se rendront avec leur partie adverse par devant le commissaire de la République française, où ils choisiront à leur gré deux négociants français et deux négociants maures, parmi les plus notables, pour décider de leurs contestations. » Telles sont les dispositions douanières de ce traité du 23 février 1802 [1].

Le loyal Devoize n'était pas au bout de ses peines; peu après sa rentrée en fonctions, il était encore en pré-

[1] Rousseau, *Annales tunisiennes*.

sence de difficultés extrêmes. Il dut s'occuper de faire remettre en liberté une quantité énorme de prisonniers de toutes nations. La Suède, la Prusse, la Russie, l'Espagne, le Royaume de Naples, la Sardaigne, la Sicile et les Etats Pontificaux réclament ses bons offices, et il gagne leurs causes par l'ardeur de ses plaidoyers.

Cependant tant de démarches ont lassé le Bey, Devoize a vu son crédit baisser, le sage Mustapha est mort, et Hamouda vieux se laisse dominer par la diplomatie anglaise, singulièrement hargneuse contre la France ; Devoize proteste donc contre la partialité du Bey, et *contre tous les mensonges absurdes répandus par les Anglais contre lui et ses nationaux*, et désespérant de gagner le Bey, il part le 15 septembre 1809, laissant la gérance à son vice-consul Billon.

Il y avait quatre ans que Billon gémissait sur la stérilité de ses efforts lorsque le 1er mai 1814, il apprit la chute de l'Empire et l'avènement de Louis XVIII. La joie avec laquelle Hamouda reçut cette nouvelle lui parut de bon augure. Le drapeau blanc substitué au drapeau tricolore allait, semblait-il au vice-consul, profiter à son pays et à lui-même. Il intrigua probablement auprès du Bey et des *Puissances*, si bien que le Bey refusa de recevoir Devoize quand celui-ci se présenta à la Goulette avec de nouveaux pouvoirs. Défense lui fut faite de débarquer. Devoize s'expliqua avec beaucoup de perspicacité les intrigues de Billon, les vilenies du consul batave, les manœuvres d'ennemis intéressés à sa disgrâce. Il conseilla de débarquer 6.000 hommes et d'aller faire au Bey la loi dans son palais même. Mais bientôt la Cour du Bardo subit plusieurs révolutions de palais que nous n'étudierons pas. Hamouda-bey meurt empoisonné en 1814. Son frère Sidi-Othman, qui lui succède, est massacré par Mahmoud qui prend le pouvoir. Tout cela nous fut favorable et le nouveau Bey fait savoir qu'il souhaite le prompt retour de son loyal ami Devoize.

Devoize passa les Cent-Jours à Toulon sans qu'on confirme ses passeports ; enfin c'est à Marseille qu'il apprend le retour des Bourbons sur le trône.

IV. Le 17 août 1815, Devoize fut admirablement reçu à son arrivée à la Goulette, et substitua immédiatement le drapeau blanc au tricolore, mais sans cérémonial, *le pavillon du Roy n'ayant jamais dû cesser d'être arboré*. Les dernières années de sa vie publique ne furent marquées d'aucun incident notable, mais il suivait *les mouvements de la politique tortueuse des Anglais dans ces contrées*, et reprochait à Mahmoud de capturer toujours des chrétiens bien qu'il eût consenti à ne les regarder que comme prisonniers de guerre, pourvu qu'on lui payât des rançons d'esclave, ce qui était jouer sur les mots ; de plus, il s'indignait de l'attitude des Anglais *qui vendaient toujours des bâtiments et des munitions aux Barbaresques pour qu'ils fassent encore des esclaves sous le nom de prisonniers*. Il écrivait à Talleyrand ce mot si juste : ... *On sait que l'intérêt de son commerce et de sa navigation est la base de toutes les combinaisons du gouvernement anglais.* Devoize, profondément désillusionné par toutes les promesses qu'il a reçues au cours de sa carrière, pense que le seul remède efficace contre les Barbaresques c'est l'emploi de la force, une bonne flotte et de bons soldats ; et justement, alors, les pirateries des corsaires tunisiens augmentent énormément. Talleyrand se fait dresser une liste de leurs forces qui les évalue à deux cents bâtiments. Talleyrand conférait alors à Vienne, il aurait voulu s'entendre en vue d'une action commune des Puissances contre les Barbaresques, mais le mauvais vouloir de l'Angleterre paralysa cette idée généreuse et Lord Castlereagh ne put même dissimuler que l'existence des pirates était plus utile que nuisible à son pays. Ces divergences de vue sauvèrent les Barbaresques auxquels on n'envoya encore que *des paroles sérieuses* et l'avertissement qu'en cas de persévérance dans leur conduite antérieure, les Etats fonderaient une ligue générale des Puissances de l'Europe qui pourrait atteindre les Etats barbaresques jusque dans leur existence (Protocole du 20 novembre 1818).

En exécution de ce protocole, les amiraux Jurien de la Gravière et Freemantle allèrent remettre une notification collective écrite, au Bardo ; Mahmoud fit des promesses évasives et des désaveux de mauvaise foi. Devoize avait bien raison de dire que l'argument diplomatique le mieux compris des Barbaresques c'est le canon, l'*ultima ratio regum*.

Le successeur de Devoize à Tunis ne prit possession de son poste qu'en janvier 1824. Guys arrivait d'Alep où ses aptitudes consulaires avaient attiré l'attention du baron Pasquier, alors aux Affaires étrangères. Ses instructions furent rédigées par Chateaubriand et adressées à lui à la fin de 1823, elles étaient très importantes et le Gouvernement français désirait que le nouveau consul s'attachât *à recouvrer notre prépondérance en Tunisie et à l'accroître le plus possible*. Il devra procurer au commerce de l'Echelle *une plus grande consistance*. Des modifications avaient été apportées aux tarifs de douane, des créances réciproques restaient à recouvrer depuis la dernière guerre de 1801, bref la conclusion d'un traité paraissait être le seul moyen de rendre à nos relations avec le Bey *l'activité et la discrétion convenables*.

Débarqué le 16 janvier, Guys obtint, le 30, un traité préliminaire conforme presque sur tous les points aux vues de son gouvernement : clause du traitement de la nation la plus favorisée, indépendamment de tous les privilèges antérieurement stipulés, tarifs douaniers, juridiction consulaire et tribunal mixte, reconnaissance des capitulations et des anciens traités, etc..., *aucun privilège ne pouvant être accordé à d'autres nations, qui ne soit également commun à la nation française*, en dehors même de toute stipulation. Tout se passa le mieux du monde, malheureusement deux mois après le bey Mahmoud mourut le 28 mars 1824, il fallut recommencer avec son fils et successeur Hossein, non sans difficultés, toutes les négociations. Au bout de huit mois, ce traité était conclu; il était très important puisqu'il devait régler nos relations politiques et commerciales avec la Tunisie, de 1824 jusqu'à la révision des traités tunisiens opérée récemment. Ce traité va nous retenir un moment. Il contient, en effet, tout le tarif douanier franco-tunisien pendant une longue période et a même été en vigueur pendant nos neuf premières années de Protectorat.

Traité franco-tunisien du 15 novembre 1824[1].

Le préambule nous apprend qu'il est fait pour le renouvellement des capitulations et articles de paix et confirmation d'icelles, et qu'il est arrêté et accordé au nom de S. M. Charles X, par notre consul Guys au très illustre et très excellent prince Sidi-Hussein-Pacha-Bey et au Divan du royaume de Tunis.

L'article 1er dispose que les capitulations faites entre le roi de France et le grand seigneur ou ses prédécesseurs pour l'union et la paix des dits Etats seront exactement gardées et observées – et l'article 2, que tous les traités antérieurs sont confirmés, sauf changements ou additions ici mentionnés. — L'article 3 porte que les Français établis dans le royaume de Tunis continueront à jouir des mêmes privilèges et exemptions qui leur ont été accordés, et à être traités comme appartenant à la nation la plus favorisée, et il ne sera accordé aucun privilège, ni aucun avantage à d'autres nations, qui ne soient également communs à la nation française, quand bien même ils n'auraient pas été spécifiés dans ces capitulations ou traités. — L'article 4 s'occupe des douanes et stipule que les marchandises qui viendront de France ou d'autres pays même ennemis de la Régence, pourvu qu'elles soient à la consignation d'un négociant ou de tout autre Français, ne payeront que 3 0/0 de douane, sans aucune contribution quelconque, laquelle douane sera acquittée suivant l'usage ordinaire, jusqu'à l'établissement du nouveau tarif. Et si des marchandises appartenant à quelqu'un d'une autre

[1] Rousseau, *Annales tunisiennes*.

nation étaient envoyées à un Français, la douane serait payée suivant l'usage de la nation à laquelle cet individu appartiendrait. — L'articte 5 est un avantage spécial pour nous; il sera perçu sur l'introduction, faite par les Français, du riz, des grains de toute sorte et légumes secs, que le seul droit d'une piastre un quart par caffi, payable au chef de la Rahaba, sans aucune douane. — L'article 6 décide l'établissement d'un tarif d'évaluation des marchandises pour le payement de la douane. Aussitôt que ce tarif aura été définitivement fixé et adopté réciproquement par les parties intéressées, il sera joint au présent traité. — L'article 7 prévoit le cas de réexpédition; dans ce cas, suivant les anciens traités, toutes ces marchandises que les négociants français apporteront et qu'ils ne pourront pas vendre ne payeront aucun droit de douane. — L'article 8 parle du transport des marchandises d'un bâtiment à un autre, sans les débarquer dans le port, il est permis et ne donne lieu à aucune perception, de même du transit dont parle l'article 9, les marchandises qui auront acquitté la douane pourront être expédiées dans un autre port des États de la Régence sans être soumises à aucun droit d'entrée, ni de sortie dans les endroits où elles seront débarquées. — L'article 10 spécifie que la boulangerie française du Fondouk fournira la galette et le biscuit aux bâtiments français et non à d'autres et pour cela elle payera deux piastres par quintal, sans autre redevance. — L'article 11 confirme les droits des censaux juifs et étrangers au service des Français; ils jouiront de la même protection et avantages accordés par les traités précédents pour les affaires de commerce. — L'article

12 porte qu'il sera loisible au Consul général de France de choisir et changer à son gré les drogmans, censaux, etc., sans aucune restriction. — L'article 13 prescrit qu'en cas de guerre entre la France et une autre puissance, les négociants français qui expédieront ou recevront des marchandises sous des noms étrangers et simulés jouiront nonobstant des mêmes faveurs et privilèges qui leur sont accordés, mais ils devront en faire la déclaration assermentée par devant le Consul général de France, à laquelle déclaration il sera ajouté foi. — L'article 14 règle la question importante des contestations pour affaires de commerce entre un Français et un Tunisien, la compétence sera celle d'arbitres et au cas où leurs voix seraient également partagées, on portera le différend devant le Bey d'accord avec le Consul général de France. — L'article 15 nous accorde la clause de la nation la plus favorisée, pour nos navires, quant aux droits d'ancrage et de port. — L'article 16 règle un vieux point litigieux : en cas de discussion entre les deux gouvernements, les deux Puissances renoncent expressément à toutes représailles sur les particuliers, qui, dans aucun cas, ne sauraient être responsables du fait de leur gouvernement. — L'article 17 soumet tous les Français indistinctement résidant dans le Royaume de Tunis à la juridiction du Consul général de France.

Ce traité fut ratifié et confirmé à Paris ; de plus il était conclu pour une durée illimitée, en fait il resta en vigueur plus d'un demi-siècle.

Ce traité de 1824 était suivi d'une convention supplémentaire de même date, relative à un reliquat de comptes reconnus, mais à établir, et provenant de prises de bâtiments français et de sommes dues à la Régence à titre de contribution du Gouvernement français pour six ans, au privilège de la pêche du corail.

Guys dut s'occuper aussi des interminables démêlés concernant la pêche du corail. Cette pêche était finalement devenue libre, or cette liberté impliquait l'abandon des privilèges exclusifs dont la France avait joui depuis deux siècles ; et c'est pourquoi Devoize, après le traité de 1802, avait proposé au Gouvernement de renouveler la convention de 1790. Hamouda se refusait à tout sous l'influence des Anglais, et mit aux enchères le droit de pêche du corail.

Notre ministre, M. de Richelieu, réclame en vain, démontrant que nos privilèges ne peuvent être mis à l'encan ; de même son successeur, M. de Damas, insiste pour faire reconnaître cette propriété comme française *antérieurement acquise à l'établissement des Régences*, et non pas comme *une ferme révocable*. Guys se heurtait aux mêmes difficultés de la part du Bey Hossein. Le *statu quo* dura jusqu'au 24 octobre 1832. Ce jour-là seulement les droits exclusifs de pêche sur le littoral tunisien furent reconnus à la France, moyennant l'ancienne redevance de la Compagnie d'Afrique : 13.500 piastres ; l'habile négociateur de ce traité était Mathieu de Lesseps, le successeur de Guys.

Douze jours après la reddition d'Alger (18 juillet 1830) le Prince de Polignac écrivait à Tunis que S. M. n'avait pas eu pour but que de venger les outrages commis par le Dey, mais encore de faire disparaître à jamais des Régences Barbaresques les institutions qui les ont rendues, pendant plusieurs siècles, le fléau des peuples riverains de la Méditerranée. Le Roi a promis à l'Europe d'obtenir par les armes l'abolition complète et définitive de l'esclavage des chrétiens, celle de la piraterie et celles des tributs ou redevances. Alger vaincue, il faut faire admettre par les maitres de Tunis et Tripoli *des changements devenus indispensables d'après l'état actuel de la civilisation*; il faut leur faire adopter définitivement le droit des gens et les principes d'économie politique; il importe de prévenir le retour de leurs pirateries. Un projet de traité préparé à Paris accompagnait les instructions du Ministre de Charles X.

Il comportait : 1° la renonciation entière et à jamais au droit de faire la course en temps de guerre ; 2° l'abolition à jamais de l'esclavage des chrétiens et l'affranchissement de tous ceux retenus encore dans la Régence ; le sort des prisonniers de guerre devait être à l'avenir conforme aux usages des nations européennes; 3° le respect des personnes et des propriétés, la suppression totale des tributs, présents, dons, que les Gouvernements ou leurs agents payaient au Bey, le droit d'avoir des agents consulaires et commerciaux sur tous les points de la Régence, pour toutes les Puissances ; 4° la restitution à la France du privilège exclusif de la pêche du corail, sans aucune redevance; 5° la liberté absolue du commerce, à l'exclusion des accaparements et des monopoles.

La France, en s'abstenant de réclamer pour elle de nouveaux avantages commerciaux, montrait qu'elle agissait vraiment dans un but européen, et que le sentiment du bien de tous les peuples la guidait seul. Le traité conservait aux Français le droit de participer à tous les avantages, faveurs, facilités, privilèges accordés à d'autres nations; il confirmait tous les traités antérieurs, toutes les clauses nous mettent hors de pair et nous reconnaissent comme *enfants du pays.*

Polignac accordait au Bey huit jours, pour souscrire à ces conditions, résolu à recourir à la force s'il n'obtenait pas sa signature. Le 3 août 1830, le comte de Rochefort, porteur des instructions et du projet ci-dessus, arriva à Tunis, et fut reçu au Bardo en audience solennelle; Hossein signa séance tenante le traité qu'on lui proposait. Ce traité fut un réel avantage pour nous et pour l'Europe; le Bey y gagnait aussi, il avait compris qu'un protectorat de fait allait exister, qui allait fortifier son trône et donner à ses Etats la plus grande prospérité. Ce protectorat bienfaisant, que devait consacrer légalement le traité de Casr-Saïd, le 12 mai 1881, la plupart des traités l'avaient en quelque sorte réservé il était préparé depuis longtemps par une chaîne ininterrompue de négociations, et le 8 août 1830 il était plus que jamais dans le cœur des Tunisiens qui criaient sur le passage du Consul de France: *Vive le Roi de France dont la sollicitude veille sur les peuples opprimés*[1].

Il ne nous a pas paru utile de prolonger cette partie historique, la période de 1832 à 1881 n'ayant été marquée par aucun événement important. Durant ces cinquante ans, aucun traité n'est venu changer nos relations politiques ou commerciales, et le régime douanier a subsisté même après l'avènement du protectorat, puisqu'il est resté en vigueur jusqu'à la loi du 19 juillet 1890, quant aux importations tunisiennes en France,

[1] Le 9 août, la couronne passait de la tête de Charles X sur celle de Louis-Philippe.

et jusqu'aux décrets beylicaux du 2 mai 1898, quant aux importations françaises en Tunisie.

V. Pour terminer cette étude historique et commerciale des relations franco-tunisiennes jusqu'en 1830, il nous a paru utile de citer quelques chiffres indiquant l'importance du commerce français dans l'échelle de Tunis, durant cette période.

L'Echelle est très prospère au milieu du XVIIIe siècle, elle comprend cinq établissements français et treize négociants, sans compter leurs familles, en 1760. Les importations s'élèvent alors à 400.000 francs et les exportations à 150.000. Plus de deux cents bâtiments provençaux la fréquentent en 1774. En 1776, on compte huit établissements. Les importations atteignent alors 970.000 francs, les exportations 850.000 francs. En 1785, la *Nation* se compose de quarante personnes ; en 1787, il n'y a plus que six établissements, mais leurs importations montent à 5.200.000 livres et leurs exportations à 4.600.000 livres, le trafic étranger est de moitié moindre. En 1792, les importations sont de 5.800.000 livres et 7.700.000 livres pour l'exportation, ce qui prouve de quel secours étaient les blés de la Régence, en ces temps de disette, pour les provinces méridionales et pour les armées de la République. En 1795, le cabotage emploie soixante-dix neuf navires, le fret monte à 185.000 livres, ce qui maintient la supériorité sur tous nos rivaux ; on compte quatorze maisons françaises. En 1802, après la guerre franco-tunisienne, il n'y a plus à Tunis que quatre-vingt-quinze Français. En 1812, il y a encore sept établissements ; en 1814, il y a cent quarante-trois Français domiciliés à Tunis. En

1816, les états du commerce fixent les importations à 1.100.000 francs et les exportations à 800.000 francs. En 1822, ces deux chiffres doivent être triplés. En 1827, nous sommes en baisse assez notable avec huit maisons ; mais en 1830, les importations sont encore de trois millions ; la concurrence étrangère n'a d'influence fâcheuse que sur les exportations. Dans cette échelle, que Devoize appelait *le grenier des pays méridionaux*, le plus grand trafic sera toujours celui du blé, en dépit des accaparements des officiers beylicaux et du Bey lui-même. Les Français n'auront à payer régulièrement que 17 piastres de droit d'ancrage et 3 0/0 de droits de douane, mais bien souvent nous voyons les consuls réclamer l'application exacte des tarifs de douane, stipulés dans les traités.

Cet historique des relations franco-tunisiennes, de 1228 à 1830, nous montre sous un aspect curieux le pouvoir si fragile et l'inconstance de ces Beys, louvoyant entre les menaces de leurs sujets et celles de l'Etranger, la situation précaire des Européens, leur liberté, leur vie même, dépendant d'un caprice du souverain ou d'un fonctionnaire ; mais la prééminence de la France est formellement attestée à chaque pas, et elle se traduira bientôt par un véritable Protectorat en dépit des efforts et des intrigues des gouvernements anglais et italien, les plus intéressés à combattre notre influence dans la Régence.

CHAPITRE II

Anciens Traités de Commerce conclus entre les Nations d'Europe et d'Amérique, et le Bey de Tunis.

I. — Traités conclus avant l'établissement de la Régence à Tunis

1. — Royaume d'Aragon.

En 1270, se conclut un traité[1] entre « Jaeme Rey d'Arago, de Malorcha e de Valencia, etc... et el noble Miramo Meni Abo ab dille, rey de Tunis. » Ce traité a servi à la rédaction de celui de même date conclu avec la France. Il stipule pour les sujets du roi d'Aragon la sécurité pour les personnes et pour les biens, cette clause était en effet de première nécessité ; en cas de naufrage sur les côtes tunisiennes, les naufragés seront rendus et non réduits en esclavage ; tout navire aragonais aura la permission de faire de l'eau et d'acheter des provisions dans un port tunisien. On rendra justice aux réclamations des Aragonais ; ces derniers payeront dans les Etats de Tunis une dîme et une demi-

[1] Rousseau, *op. cit.*

dîme sur les importations d'or et d'argent, mais ils ne payeront rien sur les marchandises non vendues et qui seraient réexportées, etc... Ce traité est conclu pour dix ans, et il doit dater de la fête de la St-Jean. Les deux stipulations principales de ce traité sont dictées par des idées humanitaires et non purement mercantiles : 1° sécurité pour les personnes, pas d'esclavage pour les naufragés ; 2° sécurité pour les marchandises vendues en douane ou au marché, en compensation d'une dîme qui sera payée sur les importations. Cette dîme qui s'appliquait aux Aragonais et aux Français puisque la même clause est insérée dans leur traité de 1270, est le premier droit de douane tunisien que nous connaissions historiquement et il nous a paru intéressant d'en parler.

Ce traité n'est pas le seul passé avec l'Aragon. En 1278, il est confirmé pour cinq ans, et en 1285, un autre traité est signé, différant très peu du traité primitif. En 1314 et 1323, autres traités, enfin le 6 août 1635, il faut signaler le traité de paix conclu entre Charles-Quint et Muley-Haçan, roi de Tunis.

2. — Royaume de Sicile et Républiques de Florence, Gênes, Pise et Venise.

Ces derniers traités sont peu importants, nous n'en parlons que pour mémoire. Le plus intéressant est celui de 1424 conclu au nom de la République de Florence, par Barthélemy de Galéo, citoyen de Florence [1]. Aucun n'est susceptible d'apporter dans notre sujet un détail

[1] Rousseau, *Annales tunisiennes*.

intéressant; il nous suffira d'en indiquer d'un mot le caractère. Ce ne sont encore que des sortes de capitulations, et on n'y parle de tarif de douane que par hasard, et encore ces mots sont-ils bien prétentieux pour les droits rudimentaires, perçus alors sans règles bien fixes.

II. — Traités conclus après l'établissement de la Régence à Tunis.

Autriche.

Le premier en date est celui du 23 septembre 1725, sorte de capitulation stipulant la liberté des naufragés, des vaisseaux, et certaines règles vagues de compétence, puis ceux du 23 décembre 1748, ressemblant beaucoup au précédent, de janvier 1758, du 4 janvier 1784, renouvellement des traités antérieurs, du 17 janvier 1856, c'est le plus récent. L'article 1er confirme les traités de 1725 et 1748; l'article 2 spécifie la clause de la nation la plus favorisée ; l'article 16 y revient en stipulant que les produits autrichiens ne payeront que les droits que payent ceux des nations amies. Une convention a encore été passée le 13 janvier 1866 [1], elle ne parle que de la compétence et du régime immobilier des propriétés autrichiennes.

Belgique.

Deux traités seulement assez récents : du 25 juin 1839 stipulant l'amitié perpétuelle, liberté du commerce,

[1] Documents diplomatiques, *Révision des Traités tunisiens*.

droit d'avoir un consul, de ne payer ni plus ni moins que les nations amies, etc... Ce traité (article 18) est perpétuel; du 20 décembre 1880 [1] : son article 1er donne le droit aux sujets belges d'acheter et de posséder dans la Régence des biens immeubles, etc... Ce traité s'occupe presque exclusivement du régime de la propriété immobilière belge.

Danemark et Norvège.

Un seul traité du 8 décembre 1751. Il stipule l'amitié réciproque, le même traitement que les Anglais, etc... L'article 16 *in fine* porte que le consul danois jouira des mêmes privilèges que les consuls anglais et français. L'article 18 stipule que les Danois ne paieront que 3 0/0 d'entrée et de sortie, mais au cas où ils prendront leurs cargaisons d'endroits qui ne sont pas en bonne intelligence avec le Royaume, ils en paieront 8 0/0, comme toutes les autres nations.

États-Unis d'Amérique.

Deux traités : Le premier, d'août 1797, signé après remaniements en mars 1799; le second est du 24 février 1824; il modifie à l'avantage des Américains le traité de 1797. L'ancien article 14 est remplacé par la clause de la nation la plus favorisée tout simplement.

États Romains.

Le 1er mars 1826, S. M. Charles X stipule au nom du

[1] Documents diplomatiques, *Révision des Traités tunisiens.*

Souverain Pontife qu'aucun acte d'hostilité ne devra être commis sur les bâtiments romains, et prend sous la protection de son consul les bâtiments et les sujets romains.

Espagne.

Un long traité de janvier 1791 qui n'a rien de bien particulier. L'article 10 porte que si quelque Espagnol importait à Tunis des marchandises de pays ennemis de la Régence, il payera pour elles 10 0/0 de douane comme payent les Français et autres nations amies de la Régence; l'article 13, que le consul d'Espagne et tous ceux de sa Nation seront respectés et estimés à Tunis, comme le sont le consul de France et la Nation française. L'article 14, que tous les religieux qui passeront de Rome à Tunis jouiront de la protection du consul d'Espagne.

Hollande.

Plusieurs traités sont à signaler : celui du 20 septembre 1662, signé par l'amiral Ruyter, dont l'article 12 porte que les sujets des Pays-Bas ne payeront pas davantage d'imposition pour les marchandises que les sujets d'Angleterre; celui du 24 mars 1704, celui du 19 juillet 1713, où il est convenu que les négociants néerlandais payeront comme les Anglais, à l'importation à Tunis, 3 réaux 0/0; en cas de réexportation, ils devront payer le demi-droit de un réal et demi 0/0; celui du 9 septembre 1741, le droit de 3 0/0 comme l'Angleterre et la France, est toujours inscrit, mais il pourra être abaissé pour ces deux nations, sans que la Hollande puisse s'en prévaloir ; enfin, renouvellement de ce dernier traité le 15 juillet 1760.

Sardaigne.

A mentionner deux traités : 1° celui du 17 avril 1816, et 2° celui du 22 février 1832. Dans le premier, l'Angleterre fait accorder à la Sardaigne, en Tunisie, les mêmes avantages que ceux dont elle jouit elle-même. Les Sardes sont assimilés aux Anglais. Dans le second, qui est un traité additionnel au premier, Charles-Albert de Savoie stipule les clauses suivantes : La course est abolie, l'esclavage de même, on ne pillera pas les vaisseaux sardes qui auraient fait naufrage, le Bey renonce à tout présent ou redevance quelconque, la pêche du corail est permise aux Sardes sous certaines conditions. L'article 6 contient la clause de la nation la plus favorisée, sous une rédaction archaïque. Le traité du 16 avril 1816 est confirmé.

Royaume des Deux-Siciles.

Traités du 21 juin 1799, du 2 mai 1812, du 17 avril 1816, du 17 novembre 1833. Ces traités ressemblent énormément aux précédents conclus avec la Sardaigne. Celui de 1816 stipule seulement en plus un don de 10.000 piastres au Bey tous les deux ans, que celui de 1833 supprime.

Suède et Norvège.

Traité du 23 décembre 1736, sorte de capitulation,

comme toujours on y parle de tout ; c'est un traité de commerce, on y trouve la clause de la nation la plus favorisée, des règles de compétence et de succession d'un Suédois décédé dans la Régence, les immunités du Consul, l'égalité du Consul Suédois avec les autres Consuls. L'article 21 stipule un droit de 3 0/0 *ad valorem* à l'entrée comme à la sortie, et l'article 22 le privilège de n'acquitter que les droits payés par les Anglais. Le traité du 8 décembre 1751 conclu avec le Danemark s'applique aussi à la Norvège ; nous en avons parlé plus haut.

Toscane.

Traités du 26 avril 1816 (sorte d'amnistie), du 18 août 1816, du 10 juillet 1822, du 2 novembre 1846 ; peu importants.

République de Venise

Un traité du 1er septembre 1763 et un du 18 mai 1792; longs tous les deux, mais toujours avec les mêmes clauses. Tous ces derniers traités d'ailleurs sont sans grande importance puisque le royaume d'Italie a absorbé dans sa personnalité tous les Etats italiens. L'intérêt de ces traités est donc purement historique.

Prusse.

Il existe une seule Convention passée avec la Prusse, celle du 27 juin 1866; c'est la reproduction textuelle du traité anglo-tunisien du 10 octobre 1863 ; elle ne concerne que la compétence et le régime immobilier des propriétés prussiennes.

Italie.

Le royaume d'Italie, fondé par Victor-Emmanuel II, remplaça les anciens Etats de toute l'Italie et passa avec la Tunisie un traité fort important, d'abord à cause des nombreux intérêts que l'Italie avait dans la Régence et ensuite parce que ce traité a été, avec celui anglo-tunisien de 1875, la base de nouveaux arrangements conclus lors de la révision des traités passés entre la Régence et les Puissances étrangères en 1896 et 1897.

L'article 1er de ce traité du 8 septembre 1868 [1] stipule la clause de la nation la plus favorisée. L'article 9 porte que les citoyens des deux Etats contractants pourront exporter du territoire de l'autre les objets, denrées et marchandises provenant du sol et de l'industrie du pays, sans en demander l'autorisation à aucune des autorités locales et sans payer de taxes ou de droits plus élevés que ceux payés pour l'exportation des mêmes objets vers le pays étranger le plus favorisé à cet égard et avec des navires portant le pavillon national. Mêmes règles pour l'importation et pour le transit. L'article 11 prononce la création de commissaires chargés d'établir la valeur moyenne des marchandises de chaque espèce à exporter ou à importer. La quotité des droits de douane sera réglée sur la base des prix ainsi fixés et approuvés par les deux Gouvernements. Le

[1] Documents diplomatiques, *Révision des traités Tunisiens*.

tarif des prix restera en vigueur pendant 7 ans et sera prorogé par tacite reconduction pour 7 ans, de 7 ans en 7 ans. L'article 25, très important, car nous verrons plus tard qu'il nous gênera fort quand nous désirerons que ce traité prenne fin, porte que le présent traité restera en vigueur pendant 28 années à dater du jour de l'échange des ratifications, mais si douze mois avant l'expiration du dit traité, il n'est pas dénoncé par une des deux Hautes Parties contractantes, il se trouvera renouvelé pour un temps égal. Toutefois le roi d'Italie et le Bey de Tunis se réservent la faculté de proposer à l'expiration de chaque période de 7 années les modifications suggérées par l'expérience.

Tel est ce traité que nous reverrons dans le cours de cette étude, quand nous parlerons de la Révision des traités tunisiens.

Angleterre.

La Régence de Tunis passa de nombreux traités avec l'Angleterre ; le 5 octobre 1662, le 2 octobre 1686, le 30 août 1716, le 17 octobre 1751, le 22 juin 1762, le 2 mai 1812, le 16 octobre 1813, le 17 avril 1816, le 19 octobre 1817, le 10 octobre 1863, ce dernier renouvelé le 19 juillet 1875, conclu sans limitation de durée.

Les premiers de ces traités sont encore des sortes de capitulations ; on y parle de commerce, la clause de la nation la plus favorisée y est déjà inscrite, de la compétence dans les procès entre Anglais et Tunisiens, de même que des droits à la succession d'un Anglais décédé dans la Régence ; on y stipule la liberté absolue du consul britannique, son droit d'arborer son pavillon sur son hôtel, d'entretenir un aumônier de sa religion et d'avoir une salle, dans sa maison, qui pourra être fréquentée par tous les esclaves de sa religion. Le consul britannique devra être sur le pied de l'égalité avec les autres consuls des nations ; ses immunités, sa maison, ses domestiques sont l'objet de stipulations. Les marchands payent un droit de 3 0/0 *ad valorem*, à l'entrée et à la sortie ; les marchands anglais ne payeront que les droit suivants :

A l'Oda-Bascia.............	1/2 piastre	
Aux Chiaoux de la douane..	1 p. 1/4	
Au Wékil-Harge...........	3 p.	4 aspres
A l'interprète de la nation..	6 p. 1/4	
C'est-à-dire au total :	12 piastres et	4 aspres

Le traité anglo-tunisien du 10 octobre 1863 n'a pas à nous retenir, car il ne traite que de la compétence et du régime immobilier des propriétés anglaises en Tunisie.

Le traité du 19 juillet 1875 [1] a une double importance. 1° C'est le plus complet en matière douanière anglo-tunisienne; 2° C'est le plus récent ; il n'a pris fin que lors de la révision des traités tunisiens, par la signature de l'arrangement du 18 septembre 1897, signé par l'ambassadeur d'Angleterre et notre ministre des Affaires étrangères, qui n'a fait qu'y ajouter un simple correctif.

L'article 1er donne le droit à la Grande-Bretagne de nommer des agents consulaires, et les articles 2 et 3 stipulent qu'ils devront être traités avec respect, et leurs

[1] Documents diplomatiques, *Révision des traités tunisiens*.

immunités. L'article 5 édicte la clause de la nation la plus favorisée. L'article 7 contient l'engagement du Bey de ne pas prohiber l'importation dans la Régence d'aucun produit naturel ou manufacturé des Etats ou possessions de S. M. Britannique, quelle qu'en soit d'ailleurs la provenance. Les droits prélevés sur les dits articles de production naturelle ou manufacturière, importés comme il vient d'être dit, ne pourront dépasser, en aucun cas, le taux fixe de 8 0/0 *ad valorem*, à calculer sur la valeur de la marchandise, au port de débarquement, ou un droit spécifique y équivalant, fixé de commun accord. Les dits articles, après avoir acquitté le droit d'entrée de 8 0/0, ne seront sujets (que l'acheteur soit Tunisien ou étranger), à aucun autre impôt ou droit intérieur, de quelque nature que ce soit. Enfin, la réexportation, sans payement d'aucun droit, est permise pendant le délai d'un an.

L'article 8 s'occupe du cabotage, et l'article 9 des monopoles et pêcheries; l'article 11 touche au transit; l'article 12 tranche la question des difficultés qui peuvent naître entre la Douane et le négociant, il édicte des mesures et donne la solution par le moyen d'arbitres...; l'article 13 prend en considération l'intérêt agricole de la Régence en accordant la franchise à l'importation, et la franchise de tout impôt intérieur à tous les instruments et machines agricoles, et aux bestiaux et animaux destinés à l'amélioration des races indigènes, quand ces instruments, machines, bestiaux sont prouvés être destinés à un particulier et non au commerce, car alors la Douane doit toucher le droit ordinaire d'entrée de 8 0/0 *ad valorem*. — L'article 14 prévoit le cas où la famine venant à s'abattre sur la

Régence, dans ce cas les importations de blé, maïs, orge étrangers seront exempts de tout droit d'entrée et ne paieront qu'un droit de 20 caroubes par caffis. Cette exemption n'aura pas lieu pour d'autres denrées similaires comme le riz, les lentilles, les haricots, les légumes, qui restent soumis au droit de 8 0/0. — L'article 13 réglemente l'importation dans la Régence de la poudre de tir. Il est convenu que le Bey peut en prohiber l'introduction; s'il accorde l'entrée, le droit à percevoir sera de 8 0/0, avec certaines conditions à remplir. — L'article 16 donne aux sujets anglais le droit d'établir des sociétés commerciales et industrielles, des banques, des associations mutuelles et par actions. — L'article 17 leur donne le droit d'avoir des usines mues par la vapeur, sans payer plus cher que les nationaux. Cet article 17 complète le précédent; c'est le droit d'avoir des machines à grande production et le droit d'être traité comme les Tunisiens. L'industrie anglaise a donc ainsi beau jeu en Tunisie. — L'article 18 accorde aux Anglais la faveur de ne pas payer plus cher que les Tunisiens les droits de port, de pilotage, de phares et autres de cette nature touchant le commerce maritime, ou à défaut de cette faveur, cette autre de ne pas payer plus cher que les navires de la nation la plus favorisée. — Les articles 19 et 20 signifient que les navires britanniques doivent se soumettre aux règlements des ports. — L'article 21 s'occupe du débarquement des marchandises. — L'article 22 dit que, quand la sortie du blé, de l'orge ou des bestiaux est prohibée, cette mesure ne peut être mise en vigueur que trois mois après sa notification officielle. On comprend l'importance de cet article et l'avantage qu'y trouvent les marchands anglais d'être prévenus trois mois d'avance qu'ils ne pourront exporter tel ou tel produit. — L'article 23 est un vestige des anciennes capitulations; en stipulant la non-solidarité, il nous reporte loin, et nous le trouvons là conservé par la force de l'habitude. — Les articles 24, 25, 26 ont trait à la compétence en cas de litige ou procès; ce dernier article s'occupe spécialement de la compétence criminelle; — l'article 27 des dettes et des quittances; — l'article 28 du faux témoignage en justice; — l'article 29 donne au consul la permission de requérir la force pour faire exécuter une de ses décisions. — L'article 30 est encore imbu des idées anciennes, prévoyant le cas de naufrage d'un bâtiment anglais, il s'assure le droit à la protection des Tunisiens; nous savons qu'il n'en a pas toujours été ainsi. — L'article 31 prévoit encore le cas de pillage et d'assassinat; il est convenu que le gouvernement tunisien paiera un dédommagement. — L'article 32 donne la faculté de reprendre les matelots déserteurs. — L'article 33 permet aux navires de guerre anglais de venir se faire radouber ou réparer dans les ports de la Régence. Il stipule en plus un salut de vingt-un coups de canon. — L'article 34 est presque la réciproque du précédent : la réception dans les eaux britanniques des navires tunisiens aura lieu comme s'ils étaient britanniques; ce grand honneur sera rare. — L'article 35 consacre le respect qu'on doit aux bâtiments qui relâchent dans le port. — L'article 36 traite des règles de succession des nationaux anglais décédés dans la Régence. — L'article 37 revient sur la suppression de l'esclavage. — L'article 38 est un aveu : on fera son possible pour supprimer la piraterie. — L'article 39 veut qu'aucun asile ne soit accordé aux corsaires ; la course est d'ores et déjà abolie. — L'article 10 nous apprend que, tous les sept ans, on pourra demander la révision du traité, jusque-là le traité subsistera toujours. — Les articles 11 et 12 de ce traité anglo-tunisien règlent les contestations qui pourraient s'élever sur l'interprétation du traité lui-même et la date de la mise en vigueur.

C'est ce traité du 19 juillet 1875 qui a été remplacé ou plutôt modifié par l'arrangement du 18 septembre 1897.

III. — *Résumé de la situation douanière de la Tunisie jusqu'en 1890.*

Nous sommes maintenant arrivé au terme de l'examen des traités passés entre la Régence de Tunis et les Etats étrangers, nous connaissons déjà par conséquent le régime douanier tunisien.

Nous savons qu'il consistait : 1° en un tarif général imposant un droit unique de 8 0/0 *ad valorem*, frappant à l'importation toutes les marchandises, quelle qu'en fût la nature ou l'origine ; et 2° que ce tarif était modifié spécialement pour chaque nation suivant les traités passés avec elle, et qui contenaient chacun un tarif douanier entre la Tunisie et la Nation contractante. Nous avons vu ces traités et nous avons pu constater que presque toutes les puissances de quelque importance avaient inscrit dans leurs Conventions la clause de la nation la plus favorisée, la France comme les autres, mais sans plus d'ailleurs.

Aussi en 1881, lors de l'établissement du Protectorat français sur la Régence de Tunis, aucune Puissance n'avait obtenu de faveur spéciale, il est vrai, mais aucune ne pouvait en obtenir sans que les autres en profitassent. De plus, l'article 4 du traité de Casr-Saïd nous liait les mains, le Gouvernement de la République française se portant garant de l'exécution des traités actuellement existants entre le Gouvernement de la République et les diverses puissances européennes, par conséquent nous aussi en Tunisie, étions maintenus dans la servitude douanière la plus complète.

La Tunisie ne pouvait faire aucun avantage aux marchandises françaises, sans étendre cet avantage aux marchandises étrangères et réciproquement [1], c'est ainsi qu'un certain nombre de mesures, prises dans l'intérêt de la Régence, étaient prises contre nous, aussi bien que contre l'étranger.

Disons immédiatement que pour mettre fin à cette situation, la marche rationnelle était celle-ci : obtenir des puissances qu'elle renoncent en ce qui concerne la France à la clause de la nation la plus favorisée, c'est-à-dire consentent à ce que la France pût jouir d'un traitement de faveur, puis cela fait, la Tunisie, maîtresse de ses tarifs avec nous, serait libre de nous accorder un avantage, sans que les autres puissances puissent s'en réclamer, et établir entre elle et nous un régime de faveur réciproque qui assure au marché français la prépondérance en Tunisie, et au marché tunisien des débouchés en France.

Telle était la marche à suivre pour les négociations du protectorat ; mais bientôt on vit avec certitude deux obstacles à la réalisation de ce plan, le refus de l'Italie

[1] M. Estoublon, *à son cours*.

et celui de l'Angleterre, les deux plus intéressées au *statu quo* ; et il faudrait attendre l'expiration du traité italo-tunisien, conclu pour 28 ans et expirant le 7 septembre 1896 : après quoi on se trouverait en présence du traité anglo-tunisien, sans limitation de durée, et vaincre la résistance de l'Angleterre ; c'est alors qu'en présence de l'impossibilité d'aboutir avant longtemps encore avec les Etats étrangers, le Protectorat se tourna vers la France et demanda des concessions pour la Tunisie, sans attendre le paiement de réciprocité [1] ; ce fut l'objet de la loi du 19 juillet 1890.

Avant d'étudier cette loi, nous devons examiner les conséquences du régime douanier, antérieur à 1890, sur le commerce tunisien.

[1] M. Estoublon, *à son cours*.

CHAPITRE III

Conséquences du régime douanier de la Tunisie et situation du commerce tunisien de 1881 a 1890.

I. — *Résumé de la situation économique en 1881.*

Dans l'ancienne Tunisie, pays exclusivement musulman par ses institutions, et resté en dehors du mouvement de progrès qui entraînait l'Europe, l'importance du commerce était restreinte. En 1875, par exemple, des renseignements statistiques permettent de dire que le commerce antérieur à cette date atteignait à peine 27 millions de francs dans les meilleures années, dont 12 à l'importation et 15 à l'exportation; dans les années où la récolte était faible, il ne dépassait pas 8 ou 10 millions; sauf dans les régions de Djerba et Sfax, les indigènes musulmans n'y prenaient qu'une place des plus restreintes. Les transactions étaient presque entièrement centralisées à Tunis et dans le Sahel, entre les mains de riches Israélites, protégés des diverses puissances, et d'un petit nombre d'Européens parmi lesquels nos concitoyens tenaient une place honorable. A cette époque, on importait des farines d'Algérie, de France et d'Italie, on ne recevait pas de semoule; les indigènes consommaient encore le blé qu'ils broyaient avec leurs meules à main. Depuis lors, ils se sont habitués à la semoule française, qu'ils emploient de plus en plus. On importait aussi de France des denrées coloniales, des vins et des spiritueux, et des cotonnades d'Angleterre. On exportait des blés en France et en Italie. Les orges allaient en Angleterre, dans le nord de la France et en Belgique; les huiles, les peaux et les laines en Italie et en France, les éponges et les légumes secs allaient surtout en France, et l'alfa en Angleterre.

Les conditions économiques du pays étaient tout à fait défavorables au développement du commerce. L'exportation des produits du sol, les seuls que la Régence pouvait fournir dans son état de décadence, était gênée par une fiscalité lourde et compliquée, il fallait encore payer les droits d'exportation à la douane tunisienne, puis des droits d'entrée à la douane du pays de destination. Si on ajoute à ces nombreux impôts les frais de transport, on comprendra que ces paiements successifs, en compliquant les opérations commerciales, devaient réduire à la fois le bénéfice du négociant et celui du producteur [1].

Le commerce d'importation était plus favorisé, au point de vue fiscal, puisqu'il n'avait à supporter qu'un droit d'entrée de 8 0/0 *ad valorem*.

C'est au milieu de ce chaos que survint le grand événement de 1881. Le pays pacifié, l'œuvre du Protectorat entreprit la réorganisation de la Régence à tous points de vue. La prospérité qui en fut la conséquence devait être durable. L'établissement du Protec-

[1] *La Tunisie*, publiée par la Résidence, 4e vol.

toral dans un pays aussi naturellement fertile que la Tunisie ne pouvait donner que de bons résultats. Sol et main-d'œuvre étaient excellents, et la bonne volonté de tous était secondée par notre administration. Les progrès économiques immenses accomplis avaient donné une vigoureuse impulsion aux affaires, le commerce d'importation avait subi un accroissement notable, des négociants arrivés à la suite de l'armée française avaient établi en Tunisie leur champ d'action, et des Français immigrant en grand nombre dans le pays, et comprenant parfaitement bien l'importance de la tâche qui leur incombait, consacraient des capitaux à la culture du sol. Les indigènes, eux aussi, à la faveur de la sécurité revenue, retournaient à leurs champs et à leurs troupeaux. De ces premiers résultats si promptement obtenus, si pleins de promesses pour l'avenir, nous n'avions qu'à nous féliciter. Il appartenait au Protectorat de seconder les efforts de tous, efforts qui devaient profiter également à la Régence et à la Métropole.

Ces efforts se constituèrent en un syndicat de négociants qui voulait : l'entrée en franchise des produits tunisiens en France, la suppression des droits d'entrée en Tunisie pour les plants de vigne, d'arbres et d'arbustes, et pour les semences, des droits de sortie sur les huiles, la création d'un port à Tunis, un régime fiscal des cuirs et peaux. On ne saurait se défendre d'admirer l'intelligente initiative dont firent preuve ces négociants ; mais ces bonnes volontés échouèrent. Le syndicat disparut après une existence de peu de durée, sans avoir obtenu aucun grand avantage, mais ayant montré de quel côté devaient tendre nos efforts ; si bien que l'administration, profitant de cet exemple, créa la *Chambre de Commerce de Tunis.*

Poursuivant toujours la même idée, le Protectorat s'appliqua à développer, par les moyens qui étaient en son pouvoir, la production agricole de la Tunisie. C'est dans ce but qu'une série de mesures furent prises : décret du 28 novembre 1887, créant un service d'inspection de l'agriculture, admission en franchise des instruments et machines agricoles et viticoles, des appareils de sondage et de forage des puits artésiens, etc., supprimant, au fur et à mesure des possibilités budgétaires, les droits d'exportation sur les céréales et les légumes secs, sur les écorces à tan, sur les volailles et les œufs, sur les produits de la minoterie, sur la graine de lin, sur les amandes, les citrons, les pistaches, le miel, les raisins secs et les figues sèches, diminuant considérablement ces mêmes droits sur les huiles, l'alfa et les bestiaux. Toutes ces excellentes mesures, le Protectorat les avait prises dans l'intérêt des producteurs tunisiens; il s'était préoccupé de la situation et avait recherché le moyen de dégager le commerce de toutes les entraves qui gênaient son développement depuis l'établissement du Protectorat; l'état des finances, si sensiblement amélioré, avait permis de prendre ces mesures, se substituant à l'état antérieur qui créait une source considérable de revenus pour le budget, c'est ce qui explique que ces décrets ne furent rendus que progressivement afin de ne pas déséquilibrer le budget de la Régence.

Ces mesures ne tardèrent pas à amener d'heureuses conséquences. En 1871, sous le ministère du général Khérédine, les méchias (environ 10 hectares) ensemencées étaient au nombre de 29.000. Jusqu'en 1877, ce nombre présentait des fluctuations ne dépassant pas 55.000 méchias et s'arrêtant à 31.000. En 1881, l'ensemble des méchias ensemencées dépasse 55.000, il atteint 62.000, 61.000, 75.000 et, en 1888-89, arrive encore au chiffre de 63.000, malgré les suites exceptionnellement fâcheuses d'une sécheresse excessive.

En même temps, la colonisation française dans la Régence prend un essor analogue. Elle se fait remarquer non seulement par le grand nombre de nos compatriotes qui vont s'établir dans la Régence, mais plus encore par l'importance des intérêts qu'ils y engagent. Le colon français en Tunisie a surtout le caractère d'un chef d'entreprise soit agricole, soit industrielle. Il arrive généralement accompagné de capitaux qui ne peuvent que hâter la mise en valeur rationnelle des richesses foncières qui l'attirent. C'est ainsi que les 6.000 Français domiciliés dans la Régence en 1890 ne possédaient pas moins de 400.000 hectares de terre et on peut évaluer à près de 50 millions les sommes qu'ils avaient déjà dépensées pour leurs premiers frais d'établissement.

L'État devait voir d'un œil favorable ces grandes exploitations, et il devait les encourager, car elles lui étaient d'un précieux secours. La terre merveilleusement fertile rémunérait bien les sacrifices faits pour elle, les progrès de l'agriculture étaient considérables, mais ce qui a fait l'engouement des capitaux français, c'est la vigne qui faisait alors la fortune des colons algériens. A cette époque, la vigne américaine était encore discutée ; le vignoble français était loin d'être reconstitué tel qu'il l'est aujourd'hui, les colons algériens vendaient leurs vins entre 30 et 40 francs l'hectolitre, aussi c'était une fièvre de plantation ; c'est dans ces idées que les premiers colons sont venus en Tunisie.

Cependant, après 1886, les tendances des nouveaux colons se sont modifiées ; elles se portèrent alors de préférence vers l'élevage et la culture des céréales. Les agriculteurs se livrent à la grande culture et tirent le meilleur parti de leurs terres à l'aide des engrais et des machines perfectionnées, et de nombreux colons s'adonnent à l'élevage de la race bovine et pratiquent l'exportation de leurs produits. Les colons européens ont également été encouragés par une modification dans le régime de l'impôt, à se livrer à la culture des légumes. Les plantations d'arbres fruitiers et surtout d'oliviers dans la région de Sfax prenaient une grande extension. Ces cultures autres que le vignoble furent des plus utiles au développement de la colonisation tunisienne ; en effet, la progression du vignoble tunisien fut enrayée par suite du bas prix des vins et sans les plantations d'oliviers, l'élevage et la culture des céréales, la marche de la colonisation eût été arrêtée.

II. — *Malaise du Commerce tunisien.*

Ces progrès de la colonisation française en Tunisie étaient particulièrement réconfortants. Nous voyons que dans toutes les différentes cultures le progrès s'accomplit, que les colons arrivent et font des récoltes abondantes, si abondantes même que tout ne peut être consommé dans le pays et doit être exporté, ceci d'autant plus que le régime foncier à ce moment est celui de la grande propriété où le propriétaire ne pouvant tout consommer est forcé de vendre. Ces immenses récoltes en céréales et en vins donnaient l'espoir aux propriétaires de pouvoir exporter la majeure partie de leurs récoltes et rentrer partiellement petit à petit dans les fonds engagés dans leurs exploitations agricoles. La législation douanière s'y prêtait-elle ? Nous savons que quelques décrets beylicaux avaient, autant que le Budget tunisien pouvait le permettre, supprimé certaines taxes d'exportation, mais ces exonérations n'avaient qu'une portée restreinte sur les denrées qui pouvaient faire seules un vaste courant d'exportation tunisienne (céréales, blés, vins, bestiaux). D'ailleurs, ces droits, en les supposant supprimés, n'étaient pas les seules entraves à l'exportation des négociants et producteurs tunisiens. Il y avait *surtout* des droits d'entrée à l'importation en France des produits tunisiens, et c'étaient *les taxes du Tarif général.* Sans doute, nous désirions que la Tunisie exportât et que ce fût surtout chez nous et non chez les nations étrangères, mais, il fallait l'avouer, le régime des transactions commerciales entre la France et la Tunisie à cette époque était resté le même qu'avant le Protectorat et fort défavorable. Les récoltes, qui dépassaient les espérances de ceux qui les recueillaient, devaient payer, à leur entrée en France, les taxes très lourdes du tarif général. La Tunisie, soumise à l'influence française, se voit moins favorisée que les nations étrangères unies à la France par des conventions commerciales.

Le droit de 5 francs par quintal, perçu sur les blés tunisiens à leur entrée en France, représentait environ le quart de la valeur du produit ; il en était de même de celui de 4 fr. 50 par hectolitre de vin. Les produits des puissances qui avaient encore avec la France des traités de commerce étaient plus favorisés que les récoltes des colons français en Tunisie. Il se produisait alors ce double fait, douloureusement curieux pour nous, d'un côté, encouragement sérieux à l'agriculture, au commerce, aux productions de toute nature, et d'un autre côté, refus de les faire profiter de leurs succès. Encourageant et décourageant à la fois les colons, nous travaillions au progrès de l'agriculture et nous frappions de droits souvent équivalant à une prohibition les produits de cette même agriculture. Les exemples sont nombreux et concluants. Les huiles qui étaient une part importante de la production tunisienne (la Régence comptait 169.000 hectares plantés d'oliviers) payaient 1 fr. 50 les 100 kilos à leur entrée en France, tandis que les huiles étrangères (traité de commerce avec l'Espagne) ne payaient que 3 francs. Notons de plus cette circonstance aggravante que ces huiles tunisiennes sont d'excellente qualité, et que c'est une marchandise dont nous étions et sommes toujours acheteurs. Les vins qui étaient en si notable progrès et dont la production augmentait chaque année n'étaient pas moins défavorisés que les huiles. Ils payaient un droit de 4 fr. 50 par hectolitre à leur entrée en France, tandis que les vins espagnols n'en supportaient qu'un de 2 francs. Il en était de même pour tout : si bien que les producteurs tunisiens ont avantage : 1° à nouer des relations commerciales avec les Etats étrangers, et non avec la France, et 2° à faire passer par l'étranger leurs produits pour les entrer en France, quittes à supporter de lourds frais de transport, les charges et les risques d'un transit fort long.

Ce résultat était déplorable, mais forcé. Pour les blés, en effet, mieux vaut les vendre en Italie, ils n'y paieront que 1 fr. 40 d'entrée par 100 kilos, au lieu de 5 francs qu'ils paieraient chez nous. L'orge ne payera rien en Italie; en France, au contraire, elle sera taxée 1 fr. 50. Le tarif italien réclamera 18 francs par tête de bœuf, 0 fr. 20 par tête de mouton, et 20 francs par cheval; le nôtre exigeait 38 francs par tête de bœuf, ce qui équivalait à la perte de deux bêtes sur cinq dans un troupeau, 5 francs pour les moutons, 30 francs pour les chevaux. Ainsi donc il est démontré que les producteurs français de la Régence avaient avantage à ne pas vendre, en France, les denrées dont ils avaient surabondance, préférant les embarquer pour l'étranger ou les faire simplement passer par l'étranger afin de profiter du tarif franco-italien ou franco-espagnol frappant d'un droit plus faible ces productions que le tarif général français qui s'appliquait aux provenances tunisiennes. Cette perte pour nos colons et aussi pour nous, ce gain pour l'étranger était doublement désastreux. Aussi voyons-nous la part de notre commerce, qui était de 81 0/0 en 1881, n'être plus que de 38 0/0 en 1885, 14 0/0 en 1886. En 1887, elle n'est que de 20 0/0, malgré l'abondance exceptionnelle de la récolte, et en 1888, nous arrivons à 29 0/0, mais cette amélioration toute relative s'explique par suite de la modification profonde, qui a eu lieu dans nos relations commerciales avec l'Italie, et qui a empêché cette puissance d'être comme avant l'intermédiaire de l'exportation tunisienne dans notre Pays. En 1889, si l'Italie perd 3 0/0 de ses exportations tunisiennes, nous perdons 9 0/0, devant nous contenter de compter pour 20 0/0 au total comme deux ans auparavant. Nous voyions bien par ces chiffres que notre exportation tunisienne en France languissait, puisque dans ces mêmes années le commerce général de la Régence prenait un essor continu. Si la démonstration de nos tarifs d'entrée en France étaient presque prohibitifs pour les produits tunisiens n'était pas faite, ce dernier exemple devrait nous convaincre. En 1885, la Tunisie a exporté pour 5.600.000 francs de blés durs; sur ce chiffre, il en est allé 5 millions de francs en Italie, et en France 114.000 francs seulement. En 1886, l'exportation directe en France tombe à 61.380 francs; en 1887, à 6.912 francs, et en 1888, presque à néant; et pourtant c'est comme les huiles, dont nous allons parler, un produit dont nous étions et sommes encore tributaires d'ailleurs de l'étranger. Nous achetions donc à l'Italie, sous forme de pâtes alimentaires, les blés durs que lui vendait la Tunisie, alors qu'il eût paru si simple et si rationnel que ces denrées entrassent en France directement, sans emprunter une étiquette étrangère pour pénétrer à meilleur marché dans notre Pays.

Si l'on passe à l'article des huiles, on constate que la Tunisie en a exporté, pendant l'année 1885-86, pour 4.800.000 francs : sur cette somme 2 millions figurent au compte de l'Italie ; 651.000 francs seulement à celui de la France. Sur ce point, comme en ce qui concerne le blé, les producteurs tunisiens ne sont pas seuls lésés au profit de l'Italie ; les industriels français eux-mêmes, dans la région qui semblerait devoir craindre le plus la concurrence des huiles étrangères, dans le département des Bouches-du-Rhône, ont adressé au gouvernement des pétitions pour obtenir l'admission en franchise des huiles tunisiennes.

En ce qui concerne les vins, la situation n'était pas moins défavorable. Nos colons tunisiens voient la France frapper leurs productions d'une taxe presque prohibitive, pour aller s'approvisionner en Espagne, et jusque vers 1892 en Italie, d'où nous importions en 1885 pour 46 millions de vin.

Voilà donc quelle était la situation! Quand, au prix de nombreux sacrifices et de rudes fatigues, nos colons eurent labouré d'immenses espaces de terre, quand ils eurent fondé de vastes fermes et domaines, ils pensèrent vendre à des prix rémunérateurs les superbes produits en céréales, vins, fourrages, bestiaux, que la terre tunisienne leur avait si libéralement donnés, ils s'aperçurent alors assez vite que la réalité ne répondait pas à leur désir. Leur satisfaction dura peu, et ils commencèrent leurs doléances d'abord avec timidité, puis d'une manière plus accentuée. La Résidence générale s'en émut et fit rendre tous ces décrets beylicaux qui favorisent l'exportation en supprimant, autant que le pouvaient les finances tunisiennes, les droits à la sortie, mais ce travail était forcément lent et incomplet. Il était nécessaire qu'une mesure *générale* fût prise. Rendons justice à l'administration du Protectorat, nous devons reconnaître qu'elle faisait tout son devoir, mais elle pouvait peu en l'espèce.

III. *Les colons réclament une réforme douanière.*

Les plaintes de la colonie française s'élevaient fort acerbes, on se rendait compte que le principal obstacle à l'exportation était le taux réellement prohibitif du tarif général des douanes françaises, et en conséquence on voulait au moins des droits plus modestes. Dès le 8 décembre 1881 d'ailleurs, M. Cambon appelait en vain sur ce grave sujet l'attention du gouvernement français, et les plaintes continuaient et se faisaient précises ; les colons s'indignaient de ce que les produits tunisiens fussent plus mal traités à leur entrée en France que les produits de provenance étrangère. Ils demandaient une mesure législative leur permettant d'exporter librement, sans avoir à se heurter à des impossibilités de tarif. Le gouvernement français, de son côté, n'était pas inactif, et ne se désintéressait ni du sort, ni des plaintes de ses colons de Tunisie. Lors de la visite en 1887 des ministres des Travaux Publics. et des Postes et Télégraphes, accompagnés de nombreux sénateurs et de Jules Ferry, la colonie française saisit avec empressement l'occasion qui lui était offerte d'appuyer verbalement les vœux et les projets dont le gouvernement était saisi, à l'effet d'obtenir l'entrée en France des produits tunisiens, au même titre que ceux de nos colonies [1].

Les Présidents du syndicat des viticulteurs de la Tunisie et et de la Chambre de commerce française de Tunis, exposèrent aux ministres les doléances des colons tunisiens, leur découragement, la nécessité de les doter d'un régime douanier plus propice, sous peine d'enrayer à jamais l'essor de la colonisation, et même de faire perdre aux agriculteurs tout le fruit de leurs travaux. Le Ministre des Travaux publics, M. Millaud, répondit qu'il prenait ces vœux en très grande considération, et qu'il se ferait un devoir de les transmettre au gouvernement. Mais quinze jours plus tard, la

[1] Narcisse Faucon, *La Tunisie*.

Chambre renversait le ministère, et tout était à recommencer.

Au cours de cette mission, Jules Ferry prononça un discours sur le Protectorat et insista sur ces mots que le régime affecté à la Tunisie était un protectorat *réformateur*, qui furent fort applaudis; malheureusement ces réformes promises par tout le monde et reconnues si nécessaires n'étaient pas mûres. Le nouveau Résident général pourtant, M. Massicault, se préoccupa immédiatement de hâter les progrès agricoles de la colonie, et s'efforçait de mettre à son service tous les moyens d'action dont la science dispose. C'est alors aussi que les droits d'exportation du bétail sont réduits de 60 0/0; malheureusement l'attente toujours vaine d'un ordre économique moins vicieux a ralenti, à partir de 1887, le courant d'émigration, que nous avons vu se dessiner au lendemain de l'organisation du Protectorat.

Toutes les excellentes mesures prises par le Résident général devaient échouer ou n'avoir qu'un médiocre effet immédiat sur les exportations, la cause en était toujours aux droits des Douanes françaises beaucoup trop élevés, qui intimidaient de plus en plus le capital et paralysait ainsi tous les efforts de la Résidence. M. Massicault ne cessait de se préoccuper de ce déplorable régime économique, il multipliait les rapports et les démarches, mais de leur côté les adversaires du projet accentuaient la résistance, et bientôt leur groupe se renforce du concours des Algériens, aux yeux desquels certains intéressés faisaient miroiter le danger de la fraude.

Les produits étrangers, les vins italiens, par exemple,

repoussés de nos ports à cause des droits élevés que nous leur appliquions, ne passeraient-ils pas, disaient-ils, par la Tunisie, et, après y avoir reçu des lettres de naturalisation, ne viendraient-ils pas inonder nos marchés ?

Voilà ce qui avait été dit. La Résidence avait prévu l'objection, et, pour parer au danger, elle avait imaginé un système de précautions, qui donnerait toute garantie aux producteurs algériens, aussi bien que métropolitains. M. Massicault l'emporta donc sur les partisans du *statu quo*, il convainct le cabinet Floquet de la nécessité d'une modification du tarif général des douanes, pour faciliter aux colons tunisiens l'écoulement de leurs produits agricoles, dans des conditions rémunératrices et renforcer, en même temps, les liens qui les unissent à la France. Assurance lui est donnée que le projet de loi sera incessamment déposé sur le Bureau de la Chambre. C'est là un premier succès, toutefois, le vote définitif est encore loin.

Cependant le régime économique de la Régence s'améliorait à l'intérieur, mais plus la prospérité était grande, plus le mauvais régime douanier se faisait cruellement sentir. Les récriminations se font ardentes. Le projet de loi promis n'est pas encore déposé, il faudra attendre deux ans. Les exportations françaises, en 1888, s'élèvent à 1.948.901 fr. sur un total de 16.612.396 fr., ce qui est bien peu, quoique cette année-là la récolte fût désastreuse.

L'irritation des producteurs est grande ; déçus dans leurs légitimes espérances, sentant leur fortune compromise, beaucoup ont commis des excès. Ils craignent, au début de 1889, que finalement le Parlement rejette le projet de loi. A la fin de 1888, M. Goblet, ministre des Affaires étrangères, avait bien proposé à la Chambre la réforme demandée, mais la Commission des Douanes s'était montrée hostile au projet, si bien qu'il avait dû être renvoyé après les élections législatives. C'était encore une année de perdue... Le marché français demeurait fermé aux récoltes de 1889, comme à celles des années précédentes, et le découragement avait succédé à l'engouement des premières années de l'occupation ; la gêne était venue, d'ici peu la ruine serait consommée ! On conçoit que les doléances des colons aient revêtu un caractère particulièrement violent. Ils se plaignaient très vivement et déploraient le manque de clairvoyance des députés, les erreurs et les jalousies des Algériens.

Et pourtant, pendant toute cette année 1889, de nombreux colons débarquent à la Goulette. On visite les enchirs et des transactions s'ébauchent ; n'était l'obstacle que la Douane oppose, elles se termineraient sur-le-champ, car tous les agriculteurs sont émerveillés de la richesse des terres, et ils ont hâte de devenir propriétaires dans le pays.

En 1889, les surfaces complantées en vignes atteignent 5.143 hectares. Tous les vignobles sont très beaux ; aucune trace de maladie parasitaire animale ou végétale n'a été observée. Pour la seconde année de production les vendanges ont donné 32.635 hectolitres. Les vins se sont convenablement vendus, mais les transactions de toute nature se ressentent de la situation générale. Seules les importations sont demeurées très actives, pendant tout l'exercice 1306 (du 13 octobre 1888 au 12 octobre 1889) ; les exportations, sur un total de

20.918.785 francs, se sont élevées à 4.302.557 francs pour la France, c'est une proportion de 20,57 0/0.

La Tunisie est tout au travail, les indigènes apprécient les bienfaits de notre intervention et ne songent qu'à en profiter [1]; malheureusement le régime douanier devient de plus en plus gênant et, à moins de se résigner à faire en pure perte les frais de l'occupation militaire de la Régence et de renoncer à tout espoir de coloniser le pays, la France devait trouver un moyen qui lui permît d'ouvrir ses ports aux produits de la colonie [2].

[1] Narcisse Faucon, *La Tunisie*, 1er vol., année 1889.
[2] *La Tunisie*, publié par la Résidence.

CHAPITRE IV

Préliminaires de la Loi douanière du 19 Juillet 1890.

L'année 1890 vit enfin la réalisation partielle des vœux de la colonie française.

I. *Projet de loi du Gouvernement.*

Le 13 mars 1890, M. Spuller avait déjà déposé un projet de loi douanière sur le bureau de la Chambre, afin de remédier aux inconvénients graves dont souffrait la production tunisienne.

Voici l'analyse de ce projet de loi présenté, au nom du Chef de l'Etat, par M. Spuller, ministre des Affaires étrangères, et par les ministres des Finances, du Commerce, de l'Industrie et des Colonies, *portant modification au tarif général des Douanes en faveur de certains produits originaires de la Tunisie*, à la séance du 13 mars 1890 de la Chambre des Députés.

Ce projet contient dans l'exposé des motifs l'énumération des causes et des circonstances qui militent en faveur du vote du projet de loi qui, au cours de la session précédente, n'avait pu être obtenu. La situation politique excellente en Tunisie avait en effet donné une grande impulsion au progrès économique ; les colons français ou étrangers, comme les indigènes, se mettaient ardemment au travail, consacrant pour la plupart des capitaux considérables à la culture. La production augmente chaque année, mais les colons ne peuvent exporter en France les denrées par suite des droits de douane très lourds perçus à leur entrée en France. Les récoltes s'entassent dans les greniers tunisiens ou bien sont vendues à des prix non rémunérateurs; les colons vont être ruinés si cette situation continue. La part propertionnelle de la France dans les exportations de la Tunisie décroît chaque année. Les blés, les vins, les huiles de Tunisie ont avantage à passer par l'Italie ou l'Espagne pour pénétrer en France, car ces droits sont moins élevés pour les blés et les vins italiens, ou les vins et les huiles espagnoles, que pour ces denrées venant de Tunisie.

Le projet cite des exemples irréfutables que nous avons déjà donnés ; il donne des chiffres convaincants, et, à propos des vins, il calme les soupçons qui pourraient naître en France contre une concurrence tunisienne. Cette concurrence n'est pas à craindre. Le rendement actuel du vin, dit le projet, est de 32.600 hectolitres; dans dix ans, il sera au plus de 200.000 hectolitres; qu'est-ce que cela en présence de 30 millions d'hectolitres que produisit la France en 1889, et même des 2.800.000 hectolitres qu'a produits l'Algérie? Ainsi donc, l'examen de nos tarifs douaniers nous prouve qu'ils arrêtent l'avenir économique de la Régence, et que leur abaissement n'aurait aucun inconvénient sérieux pour la Métropole [1].

[1] Documents parlementaires, Chambre des Députés, *Projet de loi*, 13 mars 1890.

C'est pour cela que le gouvernement de la Régence propose de remédier à cet état de choses qui peut avoir de si regrettables conséquences. La Tunisie étant un protectorat français, nous n'avons, pour lui accorder une faveur, qu'à apporter à notre tarif général des modifications qui intéresseront spécialement les produits originaires de la Tunisie. La franchise absolue de part et d'autre n'est pas l'objet de ce projet de loi, les finances tunisiennes ne pourraient la supporter, mais c'est un régime conventionnel qui est demandé, afin que ce pays puisse vivre, prospérer et nouer des relations de plus en plus fréquentes avec la Métropole.

Voici quelle devait être l'économie de ce nouveau système :

Franchise pour les céréales en grains, les huiles, les animaux vivants, les volailles, le gibier. Droit de 0 fr. 60 par hectolitre de vin et de 6 francs par hectolitre d'eau-de-vie naturelle de vin.

Quant aux autres articles non dénommés, ils payeront à leur entrée dans nos ports, pourvu qu'ils soient d'origine tunisienne, les droits auxquels sont assujettis à leur importation en Tunisie les articles similaires venant de France. Ce système ne pourra pas être critiqué, car il permet l'entrée en France de produits alimentaires ou de matières premières que la Métropole a toujours été forcée d'acheter au dehors.

Le Gouvernement prévoyant l'objection de fraude qu'on pourrait lui faire et afin d'éviter que voulant profiter de ces avantages, des produits étrangers ne passassent par la Régence pour en bénéficier, a pris une série de mesures pour empêcher totalement cette fraude qui ôterait tout caractère d'utilité à la future loi.

Les produits qui viendront demander le bénéfice de la nouvelle loi devront justifier de leur origine tunisienne, et pour que cela soit plus facile, ils devront être importés de Tunisie en France directement et sans escale. Ils ne pourront être exportés que d'un nombre restreint de ports, le projet en fixe dix dont il donne les noms. Ces produits devront avoir un certificat d'origine délivré par le contrôleur civil de la circonscription, qui est de nationalité française et visé au départ par un receveur des douanes, également de nationalité française [1].

De plus un service statistique existant dans la Régence (il est fort bien fait, servant à établir chaque année l'impôt) il sera facile de déterminer la quantité maxima de produits tunisiens, pouvant être importés sur nos marchés. Ce sera donc un compte-courant ouvert chaque année aux produits tunisiens et variant suivant l'abondance des récoltes, de cette façon la France est assurée de ne jamais recevoir de la Tunisie, plus que la Tunisie ne peut exporter.

Ce système peut paraître compliqué, aussi le projet de loi nous montre qu'il a son histoire, qu'il existe déjà et fonctionne bien. Depuis plus de trente ans, les communes des Aldules et d'Urepel (Basses-Pyrénées) sont autorisées en effet à s'approvisionner en franchise de denrées de consommation espagnoles. Ce système n'est donc pas une nouveauté, le projet rappelle qu'il s'applique également aux propriétaires des établissements ruraux ou industriels des pays de Gex et de la Savoie neutralisée qui peuvent introduire chaque année

[1] Documents parlementaires, Chambres des députés, *loc. cit.*

leurs produits en franchise, moyennant un système de vérification préalable, et par l'ouverture d'un crédit annuel, proportionnel à la production constatée. La même chose aurait lieu pour les exportations tunisiennes, tous les ans un décret du Président de la République, rendu sur la proposition des ministres des Affaires étrangères, des Finances et du Commerce déterminerait d'après les statistiques dressées par la Direction française des Finances tunisiennes les quantités d'articles d'exportation originaires de la Régence auxquelles s'appliquerait le traitement de faveur qui est proposé. Ainsi par ce système aussi simple qu'efficace, qui laisse à la France le soin de fixer la mesure dans laquelle elle croira devoir importer les produits tunisiens, une réponse péremptoire est faite à ceux qui craignent que la Tunisie ne devienne l'entrepôt des marchandises étrangères cherchant à pénétrer en fraude sur notre territoire.

Les ministres terminent en montrant que l'avenir de la Régence dépend du vote de ce projet de loi, demandée si instamment par tous nos colons établis en Tunisie et que d'ailleurs les quantités ainsi avantagées ne sont qu'extrêmement faibles et ne peuvent affecter les productions similaires de la mère-patrie. Ce projet de loi de plus ne peut modifier en rien, tel qu'il est conçu, l'état de nos relations économiques avec les puissances étrangères, enfin la fraude est rendue impossible.

Le Gouvernement soumet donc avec confiance au vote du Parlement, ce projet de loi si urgent, trop longtemps retardé, qui doit être l'une des œuvres les plus importantes et les plus fécondes qu'ait accomplies le gouvernement de la République.

Ce projet de loi présenté par le Gouvernement fut renvoyé à la Commission générale des douanes de la Chambre des députés le 13 mars 1890; mais presque au même instant le cabinet fut renversé. Voilà encore une fois la malheureuse réforme douanière remise en question.

II. — *Projet de loi de la Commission des douanes.*

A peine le nouveau ministère est-il constitué que M. Massicault poursuit activement sa campagne. Du reste, M. Ribot est immédiatement acquis au projet; il le reprend pour son compte, il le fait sien et il appuie chaleureusement les efforts du Résident général auprès de la Commission des douanes, où gît la difficulté. En effet, ce ne fut que par 17 voix contre 14 que la commission des douanes décida, le 20 mai, de passer à la discussion des articles [1].

Voici maintenant exposé brièvement ce nouveau projet de loi élaboré par la Commission des douanes, et présenté par M. Jonnart; nous ne ferons naturellement connaître que les différences qui se rencontreront avec le premier ou quelques idées nouvelles, les grandes lignes étant conservées assez scrupuleusement : on y retrouve d'abord la confirmation de ce fait que la France « au lieu de prendre quelques milliers d'hectolitres de vin en Tunisie, dans les caves créées par les capitaux français, s'approvisionne de préférence en Espagne ». Pour les huiles, des faits analogues se produisent. De même pour les céréales et les bestiaux,

[1] Narcisse Faucon, *La Tunisie*, tome Ier.

denrées dont nous sommes tributaires de l'étranger, et nous écartons de nos marchés, par des tarifs élevés, la Tunisie qui peut nous fournir une part des productions dont nous avons besoin !

Nous réservons aux produits espagnols et allemands un traitement plus favorable qu'aux produits d'une terre revivifiée par les capitaux français. Et cependant nous subventionnons un service de paquebots entre Tunis et Marseille pour encourager les transactions commerciales avec la Tunisie, nous accordons à ce Pays des garanties d'intérêt, et nous répondons de sa dette.

Singulières contradictions, conclut M. Jonnart. Le malaise s'ensuit et devient inquiétant, surtout parce que la plupart des producteurs sont de grands propriétaires et que, forcément, ils doivent chercher à exporter. Dans ces conditions, on ne peut s'étonner que la petite colonisation à laquelle la Tunisie offre de si merveilleuses ressources progresse si lentement. Ce que M. Jonnart ajoute dans ce rapport, c'est la mise en lumière du point de vue politique ; la question n'est pas seulement d'ordre économique, elle présente aussi un intérêt politique considérable. Il est incontestable, dit-il, que si la première génération de colons qui s'est établie en Tunisie réussit dans son entreprise, de nouveaux capitaux, de nouveaux immigrants français n'hésiteront pas à franchir la Méditerranée, et quand une colonie nombreuse aura pris possession du sol et l'aura fécondé, emportant avec elle et propageant les habitudes françaises et le goût de nos produits manufacturés, l'industrie française trouvera dans ce pays de précieux débouchés. On peut affirmer que si nos populations agricoles n'ont pas à s'inquiéter de la concurrence réellement insignifiante des produits tunisiens et ne sauraient, par conséquent, s'opposer légitimement à l'octroi du traitement de faveur réclamé pour ces produits, notre industrie, en revanche, aurait tout à gagner aux modifications qui sont proposées. Les colons ont une tendance naturelle à s'approvisionner dans leur pays d'origine ; chaque progrès de la colonisation française en Tunisie marquera une conquête de l'industrie nationale ; or, les liens économiques créent les liens politiques, et qui ne perçoit l'intérêt que nous avons à développer l'influence française en Tunisie, à faire en sorte que cette terre reçoive, en peu d'années, l'empreinte de notre civilisation [1] ?

Ce nouveau projet propose l'admission en franchise des céréales, des bestiaux et des huiles d'origine et de provenances tunisiennes, et de ne faire payer aux vins qu'un droit de 0 fr. 60 par hectolitre ; il réserve également un traitement plus favorable aux autres produits de la Régence. Et cela est possible sans qu'aucune puissance étrangère puisse s'autoriser de la clause de la nation la plus favorisée pour réclamer le bénéfice du traitement qu'il s'agit de concéder à la Tunisie. Et la Commission des douanes, par l'organe du rapport, montre ici son souci d'aller plus loin. Elle exprime le désir que ce premier projet du gouvernement soit complété par une disposition qui réalise l'union douanière entre la France et la Tunisie, en garantissant aux produits français imposés de la Régence un traitement plus

[1] Docum. parlem., *Annal. de la Ch. des Dép.*, t. 31, rapport de M. Jonnart.

favorable qu'aux importations de l'étranger. Mais ceci semble prématuré, alors on doit se contenter d'aller au plus pressé. Il ne faut jamais oublier que l'entrée en franchise ou à droits très réduits en Tunisie de produits français entraînerait une perte pour le Trésor tunisien et risquerait de compromettre, dans une certaine mesure, l'équilibre du budget de la Régence, auquel nous sommes directement intéressés comme garants de sa dette.

M. Jonnart explique aussi ce qui avait été passé sous silence la première fois que la récolte vinicole de 1889 avait été de 33.000 hectolitres et qu'on a consommé 60.000 hectolitres de vin. Dans ces conditions, comment peut-on penser à exporter du vin ? Le vin produit par la Tunisie provient de vignobles presqu'entièrement français, établis pour donner des vins de table valant jusqu'à 60 francs l'hectolitre, ou de vins de commerce ne valant pas moins de 16 à 20 francs l'hectolitre. Or, les consommateurs en Tunisie sont les Italiens qui, généralement peu aisés, achètent des vins grossiers de Sicile qui se vendent 0 fr. 15 ou même 0 fr. 10 le litre, après avoir supporté le fret et le droit d'entrée. Les musulmans étant non consommateurs de vin, on comprend que le marché local ne puisse suffire à l'ambition de nos colons et qu'ils soient dans l'obligation de chercher un débouché au dehors. L'argument habituel que les vins italiens viendront prendre la place des vins français exportés est donc de nulle valeur, les vins italiens de qualité très différente, quoiqu'on fasse, viendront en Tunisie pour la consommation populaire, en raison de leur extrême bon marché. Une autre objection est celle-ci : Les vins italiens, repoussés de nos ports à cause des droits élevés que nous leur appliquons, passeront par la Tunisie et, après avoir reçu des lettres de naturalisation, viendront inonder nos marchés. Le bénéfice évident donnera naissance à la fraude. Non, car l'objection a été prévue et la fraude sera déjouée par une série de mesures énumérées à l'article 5 du projet. Ces mesures ont déjà été indiquées dans le premier projet (du Gouvernement), nous n'y revenons pas. M. Jonnart nous rappelle, pour nous tranquilliser, que tous les agents des douanes et des contrôles civils sont alors de nationalité française. Et quant à la principale mesure contre la fraude, c'est-à-dire la limitation des quantités importables en France, elle sera fixée annuellement par décret. Elles ne dépasseront pas la production agricole annuelle de la Régence ; cette production est connue, car l'impôt est en grande partie basé sur elle et est l'œuvre d'un service statistique fort bien fait.

Percevant généralement un dixième de la récolte, le fisc fait dresser, chaque année, par les services financiers l'état des domaines ensemencés ou plantés de vignes et le nombre des dattiers, des oliviers, des bêtes à cornes ou autres. Des commissions évaluent les semailles sur les lieux, les presses à huiles sont exercées; l'administration possède l'état civil des vignobles; désormais, après les vendanges la quantité de vins produite sera déclarée et vérifiée : le certificat d'origine sera établi sur le lieu même de production et suivra le vin jusqu'au port d'embarquement. Chaque producteur aura donc chez le contrôleur civil chargé de délivrer les certificats d'origine un compte-courant sur lequel on inscrira au crédit la quantité récoltée et au débit les quantités exportées. Le certificat ne sera délivré qu'au producteur.

De plus on peut ajouter qu'en ce qui concerne les huiles et les bestiaux surtout, il sera facile de reconnaître l'origine tunisienne des produits. Aussi les fraudes seront rares, et ne pouvant s'exercer que sur des quantités très minimes, la production française ne peut s'en émouvoir [1].

Ainsi donc jamais les vins italiens ne pourront passer par la Tunisie pour pénétrer sur nos marchés. La limite des quantités importables nous garantit contre cette fraude, la Tunisie serait alors autorisée à exporter 30.000 hectolitres, et dans 10 ans environ 200 à 350.000 hectolitres, ce qui est une quantité presque négligeable, étant donné que nous achetons annuellement à l'étranger près de 15 millions d'hectolitres de vin.

La Commission en raison de ces considérations a adopté un régime de faveur au profit de la Tunisie, mais elle a apporté quelques modifications au texte proposé par le Gouvernement [2].

Ainsi l'article 1er du projet relatif à l'admission en franchise des céréales en grains, des huiles, des bestiaux, des volailles et du gibier est bien adopté, mais avec addition au paragraphe 2 : des grignons d'olive aux huiles d'olive et de grignon.

L'article 2 qui vise les vins et eaux-de-vie naturelles de vin a donné lieu à une longue discussion et la Commission préoccupée des inconvénients très graves résul-

[1] Documents parlementaires, *Annales de la Chambre des Députés*, t. 31, rapport Jonnart, p. 449.

[2] Documents parlementaires, *Annales de la Chambre des Députés*, t. 31, rapport Jonnart, p. 449.

tant d'une législation trop libérale en cette matière, s'est efforcée d'assurer à la viticulture française les garanties qu'elle est en droit d'exiger. Et elle a supprimé de l'article 2 tout ce qui concerne les eaux-de-vie naturelles auxquelles il était question d'imposer un droit modique de 6 francs par hectolitre. Le gouvernement ne s'opposait d'ailleurs pas à cette suppression.

Maintenant il s'agit d'éviter que les vins tunisiens ne servent de véhicule à l'alcool, et voici les précautions que la Commission a prises au moyen d'une disposition, dont le principe pourrait être utilement généralisé dans l'avenir. La rédaction du gouvernement est ainsi modifiée : « Les vins de raisins frais, d'origine et de provenance tunisiennes, payeront à leur entrée en France un droit de 0 fr. 60 par hectolitre, en tant que leur titre alcoolique ne dépasse pas 10° 9 : ceux dont le titre sera supérieur à 10° 9 et inférieur à 12° 9 payeront une taxe supplémentaire de 0 fr. 30 par degré d'alcool ; ceux d'un titre supérieur à 12° 9 payeront une taxe supplémentaire de 0 fr. 70 par degré. »

Cette combinaison préserve, semble-t-il, nos viticulteurs contre l'organisation de nouveaux ateliers d'alcoolisation en Tunisie. Cette limitation à 10° 9 a été critiquée par quelques membres de la Commission, mais elle est justifiée par le titrage ordinaire des vins tunisiens. Dans la Commission plusieurs membres voulaient l'entrée en franchise des vins, d'autres désiraient un droit plus élevé que celui de 0 fr. 60 adopté, mais si ce droit a prévalu, c'est qu'on a pensé qu'il correspond à peu près au droit d'entrée des vins en Tunisie. Les vins importés en effet, acquittent à la douane un droit de 3 p. 100 *ad valorem* ; il est vrai que quand ils sont destinés au commerce, adressés à un négociant en vins au lieu d'être destinés à la consommation directe ils y payent une taxe supplémentaire de 7 0/0 ce qui fait au total 3 + 7 = 10 0/0.

Mais cette taxe supplémentaire, est une sorte de licence payée uniquement par les importateurs, qui se livrent au commerce des vins. Elle est faible, si on la compare aux droits de patente, de circulation, etc..., qui existent en France, et dont elle est la représentation [1].

Déférant aux observations que la Commission a présentées au sujet de l'article 3, M. le Ministre des Affaires étrangères a abandonné la rédaction de son prédécesseur et proposé la suivante acceptée par la Commission : « Les autres articles d'origine et de provenance tunisiennes non dénommés ci-dessus, payeront à l'entrée en France les droits les plus favorables, perçus sur les produits similaires étrangers », ce qui signifie qu'actuellement ils payeront les droits du tarif conventionnel [2].

L'article 4 du projet n'a pas été modifié.

L'article 5 énumère les précautions prises contre la fraude. Au paragraphe C, de cet article, la Commission a tenu à ajouter : l'exportation se fera à l'identique, afin de bien marquer sa volonté d'empêcher qu'il s'établisse dans la Régence un marché public de certificats d'origine.

[1] Documents parlementaires, *Annales de la Chambre des Députés,* rapport Jonnart, page 449.

[2] Documents parlementaires, *Annales de la Chambre des Députés*, séance du 26 juin 1890.

Le paragraphe D de l'article 5 dispose que, chaque année les décrets du Président de la République détermineront, d'après les statistiques officielles fournies par le Résident général, les quantités auxquelles s'appliquent les dispositions des articles 1, 2 et 3 du projet. Ces décrets seront rendus sur les propositions des ministres des Affaires étrangères, des Finances, du Commerce et de l'Agriculture. Dans le projet du gouvernement, il n'était pas question de l'intervention du ministre de l'Agriculture ; la Commission a pensé qu'il était utile d'imposer la collaboration du représentant le plus autorisé de l'agriculture nationale.

Dans le cas où les décrets limiteraient à une fraction de la récolte totale les quantités importables, la Commission entend bien que chaque récoltant bénéficierait dans la même mesure du droit d'exportation, et que l'administration du Bey aurait le devoir d'accorder un traitement égal aux différentes régions et aux différents producteurs de la Régence.

L'amendement d'un des membres de la Commission des douanes, tendant à ne reconnaître qu'aux agriculteurs et viticulteurs français et indigènes, le droit de jouir des avantages concédés par la loi n'a pas été admis.

Enfin la Commission propose de voter un paragraphe E ainsi conçu : « Les produits tunisiens dénommés aux articles 1, 2 et 3 de la présente loi devront être importés par navires français. »

Telle est l'économie du projet de loi de la Commission des douanes, présenté par M. Jonnart, fort sage dans son ensemble, et qui était soumis à la Chambre non pas, ainsi que le dit le rapporteur *in fine*, comme un projet de Convention entre la Tunisie et la France, mais comme un acte unilatéral toujours modifiable au gré du Parlement français.

Cette idée, fort justement émise par la Commission, devait être en effet attaquée par les adversaires de la Loi, lors de sa discussion. Pourtant, il est de toute évidence qu'un pays protecteur peut, sans autorisation de la part d'aucune puissance étrangère, accorder quelque faveur que ce soit à un Pays sous son protectorat.

C'est à cet avis que s'est rangée très heureusement la très grande majorité, pour ne pas dire l'unanimité, de nos parlementaires à la Chambre et au Sénat, puisque finalement ils ont voté la loi.

CHAPITRE V

La Loi douanière du 19 juillet 1890.

A la suite de tiraillements multiples que nous nous dispenserons de rapporter, ne voulant pas faire le récit des tribulations auxquelles fut soumis ce projet de loi, nous rappellerons qu'il vint en discussion devant la Chambre, le 4 juillet.

I. — Discussion de la loi du 19 juillet 1890.

La veille, une interpellation de M. Delafosse sur la situation de la Tunisie, réclamant en faveur des colons un régime douanier et un instrument de crédit qui leur soient favorables, avait préludé au grand débat qui passionnait depuis si longtemps les esprits en Tunisie et en Algérie et qui devait avoir lieu le lendemain, au sujet du vote de la loi.

Le 3 juillet, M. Ribot, répondant à l'interpellation de M. Delafosse, expliqua et justifia la politique du Protectorat, suivie en Tunisie. Les colons demandent du crédit et des débouchés pour leurs produits, le Gouvernement a présenté à la Chambre un projet de loi, et il insiste devant elle pour qu'elle vote cette loi, qui est capitale. Et M. Ribot ajoutait, comme péroraison à la réponse de l'interpellation Delafosse : « Il ne peut, il ne doit pas y avoir de question de parti en pareille matière : c'est avant tout une question française. Qu'ailleurs on regarde avec curiosité, avec un scepticisme intéressé l'expérience que nous poursuivons, mais il ne faut pas que nous laissions jamais dire que si la France sait entreprendre, elle ne sait ni continuer, ni finir. Je le dis en toute sincérité, du vote que vous allez émettre et de celui que vous émettrez demain dépendra l'avenir de la colonisation française en Tunisie, l'avenir du Protectorat et peut-être le jugement que l'Histoire portera sur une des œuvres les plus originales et les plus fécondes que la France a eu l'honneur d'entreprendre dans ces derniers temps[1]. »

A la séance du lendemain 4 juillet, en effet, le projet de loi vint en discussion ; et M. Thomson, ayant aussitôt demandé la parole, commença par protester de son dévouement à la cause douanière tunisienne ; mais en ceci, différant du gouvernement, il voulait que le projet de loi fût *accompagné de certaines mesures immédiates dont la non application rendrait l'adoption même du projet imprudente et dangereuse*. Son désaccord, en un mot, réside dans l'emploi des moyens à appliquer, et il répond aux allégations qui représentent l'Algérie comme une adversaire de la Tunisie ; il se félicite que notre protectorat tunisien existe, car, sans lui, *c'est un autre drapeau européen que le drapeau français qui flotterait aujourd'hui à Tunis*. Son opposition provient de ce que le projet n'admet pas la réciprocité, et il cite une déclaration émanant du Ministre du commerce qui était, *six ans auparavant*, hostile au projet.

[1] *Journal Officiel de la Rép. franç.* Séance de la Chambre du 3 juillet 1890.

« Si nous admettons très volontiers le principe des concessions à accorder aux produits tunisiens, le département du commerce n'a pas entendu renoncer à obtenir des pays protégés des concessions équivalentes..... Le but à poursuivre ne peut pas être uniquement le développement de l'importation des produits tunisiens en France, mais le développement par voie de réciprocité de l'exportation des produits français en Tunisie. »

M. Thomson cita ensuite, à l'appui de sa thèse, l'opinion de la Société d'Agriculture de Tunisie, se plaignant que *la Tunisie n'admet à l'entrée aucun traitement de faveur pour les produits français qui s'importent dans la Régence. Ces produits sont taxés en douane par des douaniers français, comme s'ils venaient des pays dont l'industrie fait une si rude concurrence à la nôtre*, et il n'oublie pas de rappeler les idées de M. J. Ferry et de citer ces paroles de Gambetta : *La Tunisie, sous la domination française, doit être un prolongement de l'Algérie*. Il s'attache ensuite, non sans apparence de vérité, aux articles des traités de 1868, conclus avec l'Italie, et de 1875 avec l'Angleterre, et prétend que la réciprocité est possible, sans réviser ces traités, comme sans faire profiter ces nations des avantages concédés à la France, en vertu de la clause de la nation la plus favorisée, non applicable.

Et à l'appui de son dire, il cite des exemples : l'Autriche-Hongrie avec son protectorat de Bosnie et d'Herzégovine, l'Angleterre à Chypre, et l'Italie à Massaouah, qui a bien décidé que tous les produits payeraient un droit de 8 0/0 *ad valorem*, mais ce droit de 8 0/0 *ad valorem* n'est payé que par les marchandises étrangères et non les italiennes. Et il passe ensuite au cas de l'Annam et du Tonkin, qui avaient un traité avec l'Espagne, du 27 janvier 1880, stipulant la clause de la nation la plus favorisée. Cependant, nous passons outre, et notre Ministre des Affaires étrangères dit que *la France n'étant plus un pays étranger à l'égard de l'Annam et du Tonkin, mais un pays protecteur, elle ne rentre pas dans la catégorie des nations les plus favorisées.*

Pour que le mouvement commercial franco-tunisien prenne quelque importance, continue M. Thomson, il faut un double courant de produits. Sans vouloir nous engager à l'extérieur dans une politique imprudente et tracassière, nous demandons notre droit, notre droit tout entier. Ne touchons pas au Protectorat, mais reconnaissons la situation privilégiée de la France en Tunisie, et pour cela orientons l'administration du Protectorat vers l'intérêt français.

M. Jonnart, rapporteur de la commission, répondit que celle-ci n'avait rien négligé pour concilier les exigences de la production française et de la production tunisienne et qu'elle ne méritait pas le reproche qu'on lui adressait de risquer de compromettre les intérêts de l'une en favorisant ceux de l'autre. Personne n'hésite à reconnaître que le traitement infligé aux produits tunisiens en France est injuste et impolitique et qu'un grave malaise sévit, quoique les terres tunisiennes, bien cultivées, rapportent de belles récoltes.

La cause en est à l'application de notre tarif général des douanes aux produits importés de Tunisie en France. Les produits tunisiens sont traités plus durement que les produits anglais, espagnols ou allemands. Le découragement de la production tunisienne, avec un pareil régime, est-il étonnant? Pourquoi lui fermer notre marché? La Tunisie produit des denrées que nous achetons ailleurs, du blé que nous allons chercher dans la mer Noire, aux Indes, jusqu'en Australie; du vin, chaque année, nous en achetons 15 millions d'hectolitres et de l'huile pour 18 millions de francs, mais la Tunisie ne nous vend pas; elle préfère exporter en Italie, car la douane lui est plus favorable, et cependant nous aurions un avantage sérieux, politique autant qu'économique, à ce que nos relations soient plus fréquentes, plus étroites avec la Régence. Pour cela, votons le projet, et pour cela, pas d'ajournement. Si nous proposons ce projet sans réciprocité, c'est que nous avons reconnu que des raisons graves commandaient de suivre le Gouvernement sur le terrain qu'il avait choisi et de réserver la contre-partie du projet, celle qui vise les importations de France en Tunisie, de l'ajourner quelque temps encore. L'union douanière avec la Tunisie? Nous la souhaitons tous, nous la désirons, elle s'impose, elle se fera, mais pour le moment elle a contre elle des arguments d'ordre diplomatique et économique. La Commission des douanes a été surtout touchée par les considérations financières que lui a soumises le gouvernement; nous répondons de la dette tunisienne; tous nos efforts doivent donc tendre à maintenir l'équilibre du budget tunisien; il s'alimente en partie des recettes des douanes et ces recettes garantissent le payement des coupons de la dette. Or, dans le chiffre total des importations, celles de France en Tunisie comptent pour plus de la moitié; de là il s'ensuivrait un déficit considérable si l'union douanière était immédiatement faite, et nous recevrions d'une main pour donner de l'autre. Le régime financier tunisien mérite sans doute des critiques, mais il faut se garder de le remanier avec trop de précipitation. La Tunisie, d'ailleurs, admet en franchise les céréales, l'huile, les bestiaux, les instruments et machines agricoles et viticoles, les appareils de sondage et de forage des puits artésiens; nous profitons de tout cela.

Ne procédons pas à la légère. La Tunisie prélevait autrefois des taxes d'exportation montant à 3 millions de piastres, et elle ne perçoit plus de ce chef que 2 millions de piastres. Quant à la fraude, nous n'avons rien à craindre. La Tunisie nous enverra ses blés durs, or l'Italie n'en produit pas, elle en achète; pour les huiles, l'Italie n'aura pas avantage à payer un double fret et le droit de sortie de la Régence absorberait et au delà le bénéfice résultant pour elle de l'exonération du droit de douane. Pour les vins, la question est autre, mais la production du certificat d'origine et surtout la limitation des quantités qui ne devra jamais dépasser les trois quarts de la production totale de la Régence, nous prémunissent contre elle. On ne peut compter que d'ici dix ans la Régence exportera plus de 200 ou 250.000 hectolitres de vin, c'est-à-dire de quoi alimenter une maison importante faisant le commerce des vins.

La limitation en quantité est parfaitement possible, et les évaluations des récoltes très rapprochées de la production vraie, c'est la base de l'impôt tunisien. Ce système, d'ailleurs, est employé également en France, pour constater la production annuelle dans les pays de Gex, de la Savoie neutralisée, et dans certaines communes des Basses-Pyrénées, dont le territoire jouit du régime qu'il s'agit de concéder à la Tunisie. De plus, un moyen de vérifier la fraude, sera le produit de l'impôt. Si les chiffres de la production sont augmentés à dessein, le produit de l'impôt restera le même, nous nous apercevrons de la fraude ; si la récolte et l'impôt augmentent en proportion régulière, nous pourrons constater le bon fonctionnement du système.

Et, après un long plaidoyer en faveur des colons français, population honnête, laborieuse, énergique, le rapporteur termine en disant que « les raisons politiques, autant que l'intérêt économique, commandent de voter le projet de loi ; ne compromettons pas par son rejet une œuvre bien française, qui inspire à tous ceux qui ont été à même d'apprécier les efforts et les sacrifices de nos colons, une légitime fierté et les plus patriotiques espérances[1]. »

Le baron des Rotours, qui lui succéda à la tribune, parla au nom des protectionnistes ; il ne combat pas les conclusions du rapporteur et est d'accord avec le Gouvernement pour créer des avantages au Protectorat tunisien. L'application du tarif général français ne peut continuer à être faite à la Tunisie. Il s'intéresse beaucoup à l'œuvre de notre colonisation dans ce pays, mais le cultivateur français lui tient plus à cœur encore que le colon tunisien. D'après un tableau qu'il soumet à la Chambre, il démontre que la France traite mieux la majorité des produits tunisiens que l'Italie, alors qu'on a soutenu le contraire ; la France n'est pas pour la Tunisie la marâtre qu'on dit. Et en lui accordant cette loi, nous détruisons, sans le vouloir, tous

[1] Documents parlementaires, *Comptes rendus in extenso des débats de la Ch. des Dép.*

les droits protectionnistes que nous avons votés, pour le développement de l'agriculture française. Ce n'est pas à dire qu'il ne faille pas toucher à la législation actuelle. Elle doit être modifiée dans toute la mesure où nous pouvons le faire, sans porter atteinte aux intérêts de nos nationaux.

Cette expérience d'un traitement de faveur a d'ailleurs été faite, comme l'a dit le rapporteur, en 1861, parallèlement pour La Réunion et les Antilles. Les résultats, les voici : En 1861, les importations de la France dans les colonies était de 64 millions, et, actuellement, elles sont de 21.422.000 francs. Ces chiffres ont une éloquence qui ne saurait échapper, surtout si on les rapproche de ceux de l'Algérie qui, avec des droits mitigés, recevait en 1860 pour 152 millions d'exportations françaises, et aujourd'hui pour 173 millions.

Et M. des Rotours, partisan de droits mitigés, pour conserver au producteur français quelque avantage, dépose un contre-projet inspiré des délibérations des Chambres de commerce de Rouen et de Lille, et des vœux de la Société des agriculteurs de France. Il ne saurait trop craindre qu'au lendemain du vote de cette loi, les pays étrangers n'en réclamassent le bénéfice.

Tout en portant le plus vif intérêt aux colons tunisiens, M. des Rotours ne saurait oublier le cultivateur français qui est si laborieux et lutte si péniblement aujourd'hui contre la concurrence étrangère, et il termine en disant qu'il refusera de donner son approbation au projet de loi soutenu par le gouvernement, mais se réserve de voter son contre-projet, qui donnera aux Tunisiens tout ce que nous pouvons leur accorder sans compromettre les intérêts français et en leur faisant des concessions beaucoup plus importantes que celles qu'ils nous font à nous-mêmes.

M. Lockroy, qui parla après M. des Rotours, s'éleva contre la pensée de considérer la Tunisie comme une terre étrangère, il considère qu'il s'agit d'importations en France, fort minimes, une goutte de vin : 33.000 hectolitres, et quant aux blés durs, la France n'en produit pas; d'ailleurs l'art. 5 du projet limitant l'exportation chaque année d'après la récolte et toutes les mesures adoptées contre la fraude, doit faire cesser toute crainte pour la production française; il serait encore bien plus partisan avec M. Thomson de la réciprocité, mais malgré les exemples fournis par l'étranger, il faudrait craindre des complications diplomatiques, et à ce sujet M. Camille Dreyfus demande des explications malheureuses, et déclare que le projet est en contradiction avec les engagements internationaux pris par M. Barthélemy Saint-Hilaire.

M. Ribot, Ministre des Affaires étrangères, monte à la tribune pour protester contre un semblable procédé de discussion; il dit que dans les affaires touchant à la diplomatie, il entre des éléments, tels que le temps qui travaille pour nous, et qu'un traité, qui retarde l'action du Gouvernement expire à la fin de 1896, et termine en affirmant le droit incontestable de la France de donner à un pays couvert de sa protection le traitement douanier qui lui convenait, sans avoir à craindre en cette affaire aucune ingérence étrangère.

« Vous êtes la grande nation française, s'écria-t-il, vous pouvez sans préjudice appréciable pour nos intérêts donner à la Tunisie un encouragement et une force. Qu'il lui soit permis d'attendre avec patience la solution des difficultés auxquelles je fais allusion. Vous lui donnez le temps, le temps travaille pour nous. Soyons unanimes pour accorder à la Tunisie ce qu'elle réclame... Votons le projet de loi, votons-le et demain le retentissement sera grand dans toute notre colonie tunisienne. Et s'il y avait quelque part en Europe un pays intéressé à voir notre influence décliner en Tunisie, ce pays-là considérera le vote de la loi actuelle, comme un pas évident fait vers cet état définitif que vous souhaitez ; tandis que l'ajournement même motivé, croyez-le bien, par toutes les théories, fussent-elles les plus éloquentes, serait considéré et commenté comme une retraite et comme une défaillance de la Chambre. »

Après cet éloquent discours, la cause de la Tunisie était gagnée. Le projet fut voté par 195 voix contre 23 et le contre-projet, de M. des Rotours, moins favorable que la loi, puisqu'il demandait que *provisoirement les produits d'origine et de provenance tunisiennes payent à l'entrée en France les droits les plus favorables, perçus sur les produits similaires étrangers*, fut repoussé.

On passa ensuite à la discussion des articles.

L'article 1er fut adopté sans débat. L'article 2, pour lequel divers amendements étaient proposés, retint un instant la Chambre; M. Bourgeois (Jura) et M. Marty virent leur amendement rejeté. Le troisième amendement de MM. Sarrien et Prevet, repoussé par la Commission des douanes, mais appuyé par le Gouvernement fut adopté en raison de ce fait que tous les vins tunisiens avaient un degré d'alcool plus élevé que 10° 9 et qu'alors c'était d'après la rédaction du projet de la Commission un droit de 0 fr. 90 (0 fr. 60 + 0 fr. 30) et non de 0 fr. 60 que presque tous payeraient. Cela montrait que le désir du gouvernement était faussé, si on laissait dans le texte de la loi le titre de 10°9. MM. Sarrien et Prevet demandaient qu'on remplaçât ce dernier titre par 11°9, dosage alcoolique ordinaire des vins tunisiens, ce qui, mis aux voix, fut adopté.

L'article 3 et l'article 4 sont adoptés sans discussion. L'article 5 aussi; M. Turrel avait voulu limiter la quantité d'exportations permises aux trois quarts de la production totale, mais il retira son amendement, sur la déclaration du gouvernement que communication serait donnée à la Chambre des statistiques de la production de la Tunisie, afin qu'on fût à même de connaître exactement les quantités dont l'importation serait autorisée[1].

L'ensemble de la loi remis aux voix fut voté par 479 voix contre 24, et le 17 juillet au Sénat, sur le rapport de M. Charles Ferry, l'opposition fut réduite à une voix. La loi fut promulguée le 19 juillet.

M. Ribot ne s'était pas trompé, en annonçant que le vote de la Chambre aurait en Tunisie un heureux retentissement. Aussitôt que la nouvelle en parvint à Tunis, la ville fut spontanément pavoisée en signe de fête, et le soir des illuminations s'improvisèrent partout. Quelques jours après, le 19 juillet, 800 personnes se réunirent pour offrir au Résident général, M. Massicault, un punch de remerciement, juste hommage de reconnaissance donné à l'homme qui avait si généreusement dépensé ses dernières forces au service de notre colonie[2].

[1] *Revue algérienne et tunisienne de Législation et Jurisprudence*, année 1890.

[2] *La Tunisie*, publié par la Résidence, IIe partie, 2e volume.

II. — *Economie de la Loi.*

Entrons maintenant dans quelques détails sur les dispositions de la loi nouvelle.

Nous ne revenons pas aux quatre premiers articles qui déterminent les tarifs ; nous n'avons plus à nous occuper que de l'article 5 qui traite des conditions destinées à empêcher la fraude, auxquelles seront admises les denrées qui veulent profiter « des traitements de faveur ».

1re Condition. — Les produits devront venir *directement et sans escale* de Tunisie en France, et ils devront être importés par *navires français.* Cette dernière clause ressemble à celle qui est en vigueur en Algérie ; le cabotage et les transports devront se faire par bâtiments français. Les marchandises doivent venir sans escale, cependant exception a été faite pour l'escale de Bône, en territoire algérien. Cette exception s'explique par la proximité de ce port de la Tunisie.

2e Condition. — Les produits tunisiens devront être expédiés d'un des dix ports que la loi nomme expressément ; ce sont : Tunis, La Goulette, Bizerte, Sousse, Souissa, Monastir, Medhia, Sfax, Gabès, Djerba. Cette liste est, par conséquent, restrictive ; une modification cependant est possible, mais elle ne peut avoir lieu qu'au moyen d'un décret du Président de la République. Une modification eut, en effet, lieu par le décret du 21 septembre 1892, qui ajouta le port de Tabarca, à la liste donnée par la loi.

3e *Condition.* — Les produits sont accompagnés d'un certificat d'origine, délivré par le contrôleur civil de la circonscription, et visé au départ par un receveur des douanes, de nationalité française. L'exportation se fera à l'identique.

Pour la justification d'origine, le seul bon système a été adopté : c'est celui de la reconnaissance sur place ; c'est dire que les producteurs seuls, à l'exclusion des négociants, ont le droit de bénéficier du tarif réduit établi par la loi.

Dispositions spéciales pour les vins. — Pour constater l'origine des produits, l'organisation administrative, qui existait déjà pour la perception des taxes sur l'huile et les céréales, a été utilisée. En ce qui concerne les vins, il a été créé, au mois d'octobre 1890, un système de surveillance spécial, dont les mesures précédemment prises pour défendre la Régence contre le phylloxéra ont fourni les bases. Dès 1888, les viticulteurs tunisiens avaient été constitués en syndicat obligatoire qui opérait chaque année une visite de l'ensemble du vignoble tunisien, vérifiait les surfaces complantées et l'état des ceps. Un arrêté du Résident général du 1er octobre 1890, a édicté que désormais tous les viticulteurs seraient tenus de déclarer chaque année au contrôleur civil de leur circonscription les quantités de vin récoltées. Une commission, composée d'un représentant de l'administration, d'un délégué du syndicat des viticulteurs et d'un expert technique désigné par le syndicat, vérifie les déclarations et est investie du droit de pénétrer dans les propriétés. Tout viticulteur qui refuse de se soumettre à ces prescriptions est déchu du droit de demander des certificats d'origine pour ses produits et est, par conséquent, exclu du bénéfice de la loi de juillet 1890[1].

De plus ce certificat d'origine doit être visé au départ par un receveur des douanes tunisiennes de nationalité française. Des instructions détaillées ont été adressées aux contrôleurs civils et aux agents français des douanes tunisiennes installées dans les ports de sortie, pour assurer le contrôle permanent du mouvement des produits et l'identité des marchandises exportées avec celles pour lesquelles les certificats d'origine ont été délivrés.

Enfin, le corps des douanes beylicales a été renforcé et réformé. Cet ensemble de mesures avait été préalablement approuvé par les départements ministériels de la métropole qui concourent à l'établissement des crédits d'exportation. Il a été décidé par application de l'article 2 de la loi de 1890 que les certificats d'origine seraient refusés aux vins vinés, quel que fût leur titre.

Dispositions spéciales pour les céréales. — Avant de délivrer les certificats d'origine pour les céréales, les contrôleurs doivent « se faire présenter par l'exportateur, soit une attestation du vendeur, si la vente a été faite au domicile de ce dernier, soit la quittance des droits de marché, si l'achat a été fait sur l'un des marchés de la Régence... En cas de doute, le contrôleur a la faculté de procéder à une enquête sur la valeur des

[1] Ministère des aff. étrang. *Rapport au P. de la R. sur la situation de la Tunisie*, 1891.

déclarations qui accompagnent le produit, ou à une expertise sur le produit lui-même ».

De plus, des dispositions contre les fraudes ont été prises. Un décret beylical du 26 novembre 1891 punit les fabricants ou falsificateurs de certificats d'origine ou ceux qui en auraient fait usage, d'un emprisonnement de 6 mois à 3 ans; un emprisonnement de 3 mois à un an est prononcé contre ceux qui auraient fait une fausse déclaration à l'autorité compétente, en vue d'obtenir un certificat d'origine, ou qui auraient fait usage pour l'expédition en France de marchandises d'origine étrangère, d'un certificat délivré en vue de marchandises d'origine tunisienne.

4e Condition. — La limitation en quantités est le point le plus important de la loi, celui qui a entraîné le vote, car il donnait l'assurance que la fraude de l'étranger ne pourrait se produire. C'est le Directeur des contrôles et de l'agriculture qui a, outre ses attributions propres, celles relatives à l'application de la loi de 1890 pour l'admission en France des produits tunisiens. Il est chargé de recueillir les éléments des statistiques que, suivant la loi, le Résident général doit fournir à l'appui des demandes de crédits d'importation en France et de veiller à l'application des mesures de surveillance édictées pour assurer la sincérité de provenance des produits admis au bénéfice du régime dont il s'agit. Les statistiques de production, après constatation opérée suivant les règles données plus haut, le Résident général transmet ces chiffres, et chaque année un décret du Président de la République détermine d'après ces statistiques officielles les quantités auxquelles s'appliqueront toutes les dispositions de la loi [1]. L'administration ouvre alors à chaque producteur, dans les limites des crédits accordés en France, un compte-courant spécial d'exportation, qui est soumis également aux vérifications de la commission dont nous avons parlé pour les vins [2].

Alors la direction des Douanes établit un compte des produits exportés, et rapproche le compte du chiffre des crédits ouverts. Tous les quinze jours, le *Journal officiel tunisien* publie un tableau indiquant avec le chiffre des crédits ouverts les quantités de produits exportés sous le régime de la loi de 1890. Le jour où il apparaît que le maximum fixé va être atteint, les contrôleurs civils avisés doivent refuser la délivrance de nouveaux certificats.

Telles sont les importantes dispositions de cette loi du 19 juillet 1890, fort ingénieusement combinées. Il nous reste à l'apprécier et à indiquer les diverses mesures qui l'ont complétée.

III. — *Appréciation de la loi du 19 juillet 1890.*

Elle était fort sage dans son ensemble et elle rendit de grands services à l'agriculture et au commerce tunisiens. Ce n'était sans doute qu'une demi-mesure, puisque la Tunisie ne nous payait pas de réciprocité théoriquement, mais cette demi-mesure sauvait de la ruine les colons français de Tunisie, si nombreux, si actifs, si laborieux et si intéressants par les succès futurs

[1] M. Estoublon, *à son cours*.

[2] Min. des aff étrang., *Rapport au P. de la R. sur la situation de la Tunisie*, 1891.

qu'ils promettaient d'avoir avec un peu d'aide. Notre espoir d'obtenir une situation plus régulière, plus durable, plus conforme à nos droits, plus profitable aussi, devait s'accroître encore par la vue des légers défauts qui apparurent dans son application; ils devaient être comblés quelques années après, lors de la révision des traités tunisiens, qui nous permit alors, notre manière d'agir étant déliée de toute entrave, de régler en toute liberté nos rapports douaniers avec notre protectorat tunisien. Cette loi n'était dans notre esprit qu'une mesure transitoire mais nécessaire, et, à ce point de vue, nous pouvons affirmer qu'elle a tenu ce que nous lui faisions promettre.

Le principe de l'admission en franchise de ses principaux produits étant posé, le commerce tunisien a accepté, sans difficulté, l'obligation des certificats d'origine. Les viticulteurs se sont soumis, sans répugnance, à la déclaration de leur récolte et même à la surveillance administrative exercée sur leurs caves. Mais viticulteurs et négociants sont d'accord pour se plaindre des entraves que leur cause la limitation des quantités des produits admis à bénéficier de la loi. Ils sont unanimes à déclarer que leurs transactions sont gênées par le manque de certitude de pouvoir exporter la totalité de leurs récoltes ou de leurs produits en magasin. Il leur est impossible, par exemple, de passer des marchés à livrer, puisqu'ils ne sont jamais sûrs qu'à l'époque fixée pour la livraison de la marchandise, le crédit ne se trouvera pas épuisé et l'exportation suspendue pour un temps plus ou moins long[1].

[1] *La Tunisie*, publié par la Résidence, IIe partie, 2e vol.

Malgré ces défectuosités, personne ne peut nier que la loi de 1890 n'ait constitué un progrès énorme sur la situation antérieure. Les résultats commerciaux et politiques ont été immenses. L'importance totale des transactions s'est trouvée accrue dans une proportion notable et la France a conquis la première place sur le marché tunisien ; l'Italie, qui la lui disputait au début du Protectorat, est tombée à un rang tout à fait infime. C'est surtout pour les produits, pour lesquels la France s'est montrée libérale, en supprimant toutes les barrières douanières, que le résultat obtenu a été frappant. Pour les céréales, les huiles et le vin, elle s'est assuré le monopole presque complet des exportations tunisiennes. Par ce moyen, notre pays a obtenu ce grand résultat politique de s'attacher sa nouvelle colonie par la puissance de liens économiques extrêmement solides, puisqu'ils reposent sur le fondement des intérêts matériels. Par contre, la situation ne s'est guère modifiée en ce qui concerne les produits pour lesquels la France n'a accordé à la Tunisie que le bénéfice de son tarif minimum, ce qui démontre que le sacrifice consenti par le Parlement n'a pas été absolument suffisant. Les faits se sont donc chargés d'établir que le principe de l'admission en franchise des produits tunisiens, qui a été posé par cette loi, doit devenir, aussitôt que les événements le permettront, la règle de toutes les relations commerciales entre la France et la Tunisie.

Rien ne serait si inexact que de prétendre que la situation nouvelle a surtout augmenté le chiffre des achats faits par la France dans la Régence, ce qui a procuré un bénéfice immédiat à la colonie, beaucoup plus qu'à la métropole. Dans une opération commerciale, ce n'est pas toujours le vendeur qui réalise le bénéfice le plus élevé. D'ailleurs les produits que la France demande à la Tunisie, les céréales, l'huile, le vin, le bétail, etc... sont de ceux que son sol ne produit pas en quantité suffisante pour ses besoins et que, malgré l'élévation du tarif maximum, elle est obligée d'importer chaque année par millions de francs de l'étranger. Il n'est donc pas juste de dire que les produits de la Régence font concurrence en France à la production nationale. La vérité est que c'est uniquement aux importations étrangères que les produits agricoles tunisiens font concurrence sur le marché français.

Une dernière constatation achèvera de démontrer victorieusement les bienfaits de la loi de 1890. Ce ne sont pas seulement les importations de Tunisie en France que cette loi a eu pour effet d'accroître, ce sont aussi les exportations de France en Tunisie. Pendant les années qui ont suivi l'occupation et précédé la promulgation de la loi, la valeur des marchandises expédiées de France en Tunisie n'a jamais dépassé 17 millions de francs ; depuis lors, elle a atteint 23 millions. Bien que depuis 1885 jusqu'en 1891, l'importance totale des importations tunisiennes ait passé de 28 à 42 millions, la part de la France, qui était en 1885 de 50 0/0, s'est élevée et a dépassé 56 0/0 dès l'année 1894.

Ainsi se vérifie ce phénomène bien connu que lorsque deux nations ont entre elles des rapports commerciaux, il leur est plus avantageux de payer leurs achats par des commandes que de le solder en argent. La Tunisie vendant ses produits agricoles à la France a plus d'avantage à lui acheter les produits manufacturés dont elle a besoin qu'à s'adresser à l'étranger.

Les produits devant s'échanger contre des produits, plus la France ouvrira largement ses ports aux marchandises tunisiennes, plus elle aura chance d'écouler en Tunisie ses propres marchandises. C'est là la véritable réciprocité, celle qui n'est pas basée sur des droits théoriques et discutables, mais qui résulte de l'intérêt même des deux pays [1].

IV. — *Mesures complémentaires de la loi du 19 juillet 1890.*

La loi faite, il fallait en réglementer l'exécution.

Deux jours après sa promulgation parut une circulaire du Directeur général des Douanes, relative à l'exécution de la loi, sur les droits d'importation en France des produits tunisiens. Cette circulaire rappelle les termes de la loi et tranche la question de savoir si les produits tunisiens déjà arrivés en France, et se trouvant sous le régime de l'entrepôt, peuvent bénéficier du tarif réduit. Non, dit la circulaire, car la loi porte que l'exportation aura lieu à l'identique et au vu des certificats d'origine. Les marchandises qui se trouvent déjà en France ne peuvent évidemment satisfaire à ces prescriptions : le régime résultant de la nouvelle loi ne saurait dès lors leur être appliqué [2].

Le 21 août 1890, un décret du Président de la République vint, conformément à la loi du 19 juillet 1890,

[1] *La Tunisie*, 2e partie, 2e vol. p. 89.
[2] *Revue algérienne et tunisienne de législation et jurisprudence*, 1890, IIIe partie, p. 95

déterminer les quantités de denrées qui pourront être admises en franchise en France.

Le 23 septembre 1890, un décret beylical supprima les droits d'exportation sur les animaux (ânes, bœufs, taureaux, veaux, bouvillons et taurillons, chameaux, chevaux de quatre ans et plus, poulains, mulets, moutons, agneaux, boucs et chevreaux).

Le 1er octobre 1890, le Résident général prit un arrêté relatif aux déclarations des quantités de vins récoltées, faites par les producteurs de la Régence. Cet arrêté prescrit aux propriétaires de faire la déclaration des quantités récoltées, puis organise les Commissions de vérification, définit leurs pouvoirs, leur durée qui est annuelle, et traite de la déchéance du droit de demander des certificats, et des pénalités encourues en cas de fraude.

Le 7 octobre 1890, un décret du Bey établit une taxe de 0 fr. 05 par hectolitre de vin tunisien exporté; l'application de la loi de 1890 aux viticulteurs tunisiens donnera lieu à des dépenses qu'il est juste de leur faire supporter[1].

[1] *Revue algér. et tunis. de législ. et jurisprud.* 1890. IIIe partie, p. 107 et 109.

CHAPITRE VI

Application de la Loi douanière du 19 juillet 1890.

Nous allons examiner : 1° le développement économique de la Régence pendant cette période; 2° la situation du commerce franco-tunisien en 1897, c'est-à-dire antérieurement au régime douanier actuel.

I. — *Développement économique de la Régence de 1890 à 1897.*

L'obtention des conditions de faveur accordées par la France aux produits tunisiens importés sur notre territoire a été une mesure bienfaisante qui, en ouvrant au Pays protégé le marché de la Nation protectrice, a donné aux transactions une énorme impulsion.

En quelques semaines, après le vote de la loi, 1.118.491 hectares sont déjà ensemencés, le domaine de la vigne atteint 7.000 hectares. La surface en rapport n'est encore toutefois que de 2.000 hectares environ qui ont donné 52.977 hectolitres à l'automne 1890.

Le mouvement commercial de 1307 (13 octobre 1889-12 octobre 1890) reflète déjà les bienfaits du nouveau régime douanier. Pour la première fois, la valeur des exportations excède celle des importations et cependant l'exercice 1307 a été clos quelques semaines après la mise en vigueur de la loi du 19 juillet 1890. Le fait cependant est certain et démontre bien combien cette loi était nécessaire. Les exportations pour la France qui avaient été de 4.302.557 francs l'année précédente, montent en 1890 à 17.235.907 francs sur un total d'exportation de 37.396.723 francs contre 20.918.785 en 1889. Le mouvement général du commerce fut de 31.292.819 francs pour les importations, et de 37.396.723 francs pour les exportations. Les exportations dépassent de beaucoup les importations, cela est un effet de la loi du 19 juillet. Ce résultat est un succès durable et certain promis à la colonisation française en Tunisie[1].

Les mesures adoptées par l'administration du Protectorat en vue de l'exécution de la loi du 19 juillet 1890 ont donné tous les résultats qu'on en attendait. La mise en application des différentes prescriptions de cette loi se poursuit sans aucune difficulté.

Au cours de la discussion qui a précédé le vote de la loi de 1890, on avait exprimé la crainte que le régime de faveur accordé à la Tunisie ne favorisât l'introduction en France de produits étrangers qui traversaient la Régence pour y prendre faussement le nom de tunisiens. En fait depuis que cette loi est en vigueur, malgré la vigilance déployée au départ aussi bien qu'à l'arrivée, aucune tentative de fraude n'a été constatée. Ce qui n'a pas empêché que des pénalités sévères aient été édictées, en 1891, contre ceux qui falsifient ou fabriquent des certificats d'origine, pour plus de sûreté[2].

[1] Narcisse Faucon, *La Tunisie*.

[2] Min. des Aff. étrang., *Rapport au P. de la R. sur la situation de la Tunisie*, année 1894, p. 12.

Les heureux effets du régime douanier influent de la manière la plus favorable sur le développement des relations commerciales entre la France et la Tunisie. Si on examine la marche du commerce tunisien depuis 1875, on voit qu'antérieurement au Protectorat, le chiffre le plus élevé que les exportations et les importations réunies aient atteint pour une année a été de 20 millions de francs. De l'établissement du Protectorat au vote de la loi de 1890, le chiffre le plus élevé qu'elles aient atteint pour une année a été de 56 millions de francs, tandis que sous l'empire de la loi de 1890, elles se sont élevées à 81 millions. Et c'est la France qui a bénéficié pour la plus grande part de ces progrès et qui a définitivement conquis une place tout à fait prépondérante sur les marchés de la Régence. Sa part dans le commerce total avant la loi de 1890 était de 21 0/0, elle est de 54 0/0 en 1893.

En 1894, le commerce total de la Tunisie, importations et exportations réunies, a atteint 78.855.481 francs, somme qui n'avait été dépassée qu'une seule fois, en 1890-91, dépassant de 10 millions le chiffre de l'année précédente ; la part de la France s'est élevée à 54,29 0/0, celle de la France et de l'Algérie réunies à 63,42 0/0. Les importations françaises en Tunisie ont passé de 21.725.601 francs à 22.941.923 francs, en augmentation de plus de 1.200.000 francs. La part proportionnelle de la France dans ce commerce est de 54,70 0/0 et celle de l'Algérie 4,6 0/0. La France et l'Algérie réunies entrent donc alors pour près de 60 0/0 dans les importations tunisiennes.

En 1895, le commerce continue sa marche ascendante, il a atteint le chiffre de 85.332.832 francs, en augmentation de près de 6 millions et demi sur celui de 1894, dépassant de 3 millions l'année jusqu'ici la plus favorable (1890-91). La part de la France dans le commerce total (importations et exportations réunies) est en progression ; de 54,29 0/0, elle a passé à 58,20 0/0 ; celle de la France et de l'Algérie réunies de 64,42 0/0 à 65,18 0/0. Les importations françaises et algériennes en Tunisie forment toujours un peu moins de 60 0/0 du chiffre total, et la part de ces deux destinations dans les exportations totales à 75 0/0. Ici, on constatera que les exportations en France ne sont influencées que quant aux marchandises admises au bénéfice de la loi de 1890, tandis que celles visées à l'article 3, qui ne jouissent que du tarif minimum, restent stationnaires. (Ceci est une critique de la loi de 1890, mais nous savons que cette loi n'est que transitoire). Ainsi, en 1895, le marché français a absorbé 97 0/0 des exportations de vins tunisiens, 96 0/0 des exportations de blé, 86 0/0 des exportations d'huiles, 74 0/0 des exportations d'orge, et 25 0/0 seulement des produits auxquels la France n'accorde que le traitement du tarif minimum[1].

En 1896, il y a une diminution de 4 millions par rapport à 1895, sur l'ensemble des transactions commerciales ; par contre, la part de la France dans le commerce général de la Tunisie a été plus considérable que jamais. Un peu plus de 75 0/0 des marchandises exportées a pris le chemin de la France ou de l'Algérie, ce qui constitue la plus forte proportion encore constatée. En outre, la Tunisie a demandé à ces deux pays une somme de produits manufacturés, dépassant de

[1] *Rapp. au P. de la R. sur la situat. de la Tunisie*, 1895, p. 15.

deux millions et demi les chiffres de 1895, élevant de 56 à 58 0/0 la proportion qui leur est applicable dans le commerce total d'importation. La part de la France, Algérie comprise, dans le commerce total (importations et exportations réunies) a été de 65.62 0/0, chiffre qui n'avait pas encore été atteint. L'ensemble des transactions commerciales que la France et l'Algérie effectuent avec la Régence dépasse alors 50 millions de francs. Ces résultats témoignent de l'heureuse influence exercée par la loi de 1890 sur le développement du commerce entre la Tunisie et la Métropole.

En 1897, le chiffre du commerce de la Régence est le plus fort qu'on ait encore constaté : 90.551.541 francs (importations et exportations comprises). Ce sont surtout les importations qui sont en progrès ; elles passent de 46.444.518 francs en 1896 à 53.820.670 francs en 1897, chiffre qui n'avait pas encore été atteint. L'accroissement des exportations est moins considérable : de 31.507.533 francs en 1896, elles se sont élevées en 1897 à 36.730.871 francs, chiffre encore inférieur à celui des bonnes années. La part de la France et celle de l'Algérie dans les importations continuent à progresser, de 25.563.371 francs pour l'une et de 1.536.002 francs pour l'autre, en 1896 ; leur part respective a passé, en 1897, à 27.872.488 francs et à 2.536.791 francs. Dans les exportations, la part de la France et de l'Algérie réunies est restée sensiblement la même ; elle était de 26.019.247 francs en 1896 ; en 1897, elle a été de 26.256.740 francs.

Le mouvement commercial créé entre la Tunisie et la France par la loi du 19 juillet 1890 se développe donc normalement. Les produits tunisiens continuent à être demandés par la Métropole, qui saisit le moyen qui lui est offert d'échapper en quelque mesure à l'obligation où elle se trouve de se procurer ces produits à l'étranger. De son côté, la Régence apprécie de plus en plus les objets manufacturés français et, à conditions égales, leur accorde la préférence sur les produits similaires étrangers.

Mais nous répétons que les articles visés à l'article 3 de la loi de 1890 ne participent pas à l'accroissement de l'exportation générale vers la France ; c'est bien la démonstration que l'acte législatif de 1890 est la cause des exportations en France des céréales, vins, huiles, etc., admis en France, en franchise ou à tarif réduit.

Nous venons de constater quelles ont été au point de vue commercial les conséquences générales de la loi de 1890. Nous allons voir maintenant quelle a été l'influence de cette révolution économique sur les transactions respectives des diverses puissances avec la Régence.

Nous constatons que la part proportionnelle de la France et de l'Algérie dans le mouvement commercial de la Tunisie n'a pas cessé de croître. Avant la loi de 1890, la part de la France était de 21 0/0; elle monte à 44 0/0 en 1889-90 et à 54 0/0 en 1892 et 1893, à 64.42 0/0 en 1894, à 65.18 0/0 en 1895, à 65.62 0/0 en 1896.

Par contre, la part de l'Italie et celle de Malte et de l'Angleterre ont subi une diminution notable ; l'Italie entrait, en 1885-86, pour 29.40 0/0 dans le commerce total de la Régence ; sa part est tombée à 14.50 0/0 en 1888-89, puis à 8.50 0/0 en 1890-91; elle s'est un peu relevée ensuite, mais sans dépasser 13.40 0/0 en 1893.

Malte et l'Angleterre comptaient, en 1885, pour 21.54 0/0; elles ne comptent plus que pour 12 0/0 en

1892-93. Le courant commercial de la Tunisie s'est donc déplacé au profit de la France sous l'influence de la loi douanière du 19 juillet 1890. Les sacrifices si intelligents que la France a faits pour la Tunisie ne sont donc pas restés infructueux [1].

Mouvement comparatif des importations et des exportations.

En comparant maintenant le mouvement des importations à celui des exportations, on constate d'une manière générale que le chiffre des importations est presque toujours supérieur à celui des exportations depuis l'année 1881-82 jusqu'à 1889-90. Cette constatation avait inquiété quelques esprits; et on s'est demandé si ce n'était pas un indice d'appauvrissement pour le pays, et on a cherché à en tirer un argument défavorable au nouveau régime du protectorat. De semblables appréhensions dérivaient de la fausse théorie de la balance du commerce, dont les économistes les plus éminents depuis J.-B. Say et Bastiat ont fait justice [2].

L'explication que, pendant un moment, on a cru avoir trouvée de l'accroissement subit des importations en Tunisie, en l'attribuant à la présence du corps d'occupation n'était pas exacte, puisque la réduction de l'effectif des troupes bien loin d'amener une réduction dans les importations, n'a pas ralenti leur accroissement. C'est à l'établissement du Protectorat et à ses *heureuses conséquences :* augmentation de la popula-

[1] *La Tunisie, op. cit.*, IIe p., 2e vol., p. 104.
[2] *La Tunisie, op. cit.*, IIe p., 2e vol., p. 107.

tion européenne, immigration des capitaux et création de nouvelles entreprises agricoles ou industrielles, qu'il faut demander le secret de ce phénomène économique. La Chambre de commerce aurait dû s'en réjouir, tout en constatant que la situation du commerce d'exportation était moins favorable que celle du commerce d'importation.

En effet, jusqu'à l'année 1888-89, le diagramme des exportations se maintient à un niveau qui n'est pas de beaucoup supérieur à celui qu'il occupait avant le Protectorat. Cet état de stagnation s'expliquait par ce fait que le Protectorat qui avait en s'établissant déclaré respecter les traités signés par le gouvernement tunisien avec les puisssnces étrangères, n'avait pas encore modifié les conditions du marché d'exportation, la suppression de quelques droits de sortie n'était pas suffisante pour donner une impulsion sérieuse à cette branche du commerce. Il a fallu pour cela que la France, abattant des barrières douanières qui n'avaient plus de raison d'être depuis le jour où elle avait planté son drapeau sur la Régence, se décidât enfin à ouvrir largement ses portes aux produits tunisiens par la loi du 19 juillet 1890.

Bien que les faveurs accordées par cette loi ne s'appliquent qu'à un petit nombre de produits, les résultats de cette bienfaisante mesure n'ont pas tardé à se faire sentir. La part proportionnelle de la France dans les exportations était en 1889 de 20,57 0/0, en 1890 elle est de 16,09 0/0. En deux ans le diagramme des exportations monte d'un bond, de 18 millions à près de 44; et ce qui montre que, contrairement à l'opinion des partisans attardés de la théorie de la balance commerciale, les produits d'une nation à l'autre ne s'échangent pas contre de l'argent, mais bien contre d'autres produits ; l'accroissement des exportations a amené un accroissement nouveau des importations.

Parts des différents pays dans l'exportation tunisienne (1894)

1° *France.* — La Tunisie se trouvait, sur le marché français, dans un état d'infériorité absolue, non seulement vis-à-vis de l'Algérie — dont les produits étaient admis en franchise en France — mais encore vis-à-vis des puissances étrangères qui pouvaient se prévaloir de traités de commerce et n'avaient à supporter que les droits du tarif conventionnel, de 3 francs par quintal d'huile, et de 2 francs par hectolitre de vin, tandis que les produits similaires d'origine tunisienne étaient assujettis au tarif général de l'époque, c'est-à-dire à un droit de 4 fr. 50 pour chacune de ces unités.

En 1890, grâce à la loi douanière, la part proportionnelle de la France, qui n'était pour la moyenne des quatre années précédentes que de 20,92 0/0, s'élève brusquement à 46,09, soit à plus du double ; elle triple en 1891, atteignant 62,50 0/0 ; et si de 1892 à 1894 nous la voyons tomber à 56,35, 49,89, et 53,80 0/0, c'est pour se relever quelques années après considérablement. La France, qui occupait le deuxième rang avant les remaniements de son tarif général, est devenue, par la loi de 1890, maîtresse incontestée du marché tunisien.

2° *Italie.* — L'Italie qui, pendant un certain nombre d'années, avait tenu le premier rang est aujourd'hui descendue au quatrième. Après être restée le plus gros acheteur de céréales de la Régence, principalement de blés, jusqu'à la loi douanière, elle n'arrive plus en 1894 qu'après la France, l'Algérie, l'Angleterre et Malte. Les surtaxes que l'Italie a établies sur les céréales exotiques ont aussi contribué à ce résultat.

La part du commerce italien dans le mouvement des exportations tunisiennes, après être tombée de 13,97 à 7,52 0/0, s'est légèrement relevée à 8,50 depuis 1891 et 1892, avec une hausse brusque en 1893 (13,30 0/0), principalement provoquée par ses achats considérables d'écorces à tan. Cette situation s'est depuis, peu modifiée.

3° *Angleterre.* L'Angleterre, qui a longtemps disputé à la France le second rang alors que l'Italie était au premier, a vu son chiffre d'affaires décroître sensiblement et d'une manière continue à partir de la loi douanière. En 1890 en effet, sa part proportionnelle dans les exportations de la Régence était de 15,30 ; en 1891 elle n'est plus que de 10,51 ; en 1892, de 7 ; en 1893, de 6,32 et en 1894, elle se relève d'une manière à peine sensible à 6,90, désormais elle devra se contenter d'un chiffre se rapprochant de ce dernier.

Après ce court examen, nous pouvons affirmer que la France a depuis la loi de 1890, dans les exportations comme dans les importations tunisiennes, une prépondérance incontestable.

Ce résumé de la situation économique de la Régence dans la période subséquente au régime douanier établi par la loi de 1890, nous montre donc le progrès partout et le but que se proposait cette loi entièrement atteint. La raison en est que la loi était bonne et bien appliquée, et que l'administration du Protectorat sut fort bien aider le Gouvernement Métropolitain dans son œuvre si éminemment utile.

La création d'une Conférence consultative ayant dans ses attributions l'examen des questions touchant à la colonisation, au commerce, à l'agriculture, n'a pas été une des œuvres les moins remarquables du Protectorat.

Tous les ans, cette conférence consultative se réunit deux fois, dépose des vœux et des résolutions sur les questions qui lui sont soumises ; elle a toujours fait preuve de l'intelligence la plus éclairée, du sens le plus pratique, secondant l'action des Pouvoirs publics en signalant les réformes à opérer.

Dès 1891, plusieurs des vœux qu'elle a formulés ont reçu satisfaction, c'est elle qui a fait rendre ces décrets, permettant l'exportation des animaux femelles comme des mâles, exemptant du droit de kentria et d'exportation les savons fabriqués dans la Régence, levant la prohibition qui frappe, à leur entrée dans la Régence, divers produits chimiques, et admettant en franchise à l'importation les engrais chimiques et organiques, et une nouvelle série de machines et instruments agricoles [1].

A ce moment (1891), 15 articles seuls sont soumis à des droits de sortie ; ce sont l'alfa et le diss, la boutargue et le thon, les chiffons, les dattes, les éponges, les grignons, les huiles, la laine, les olives fraiches des pays de Kanoun, les os et cornes d'animaux, les peaux, les poissons salés, les poulpes, la laine filée, les tissus de laine.

[1] Bompard et Caudel, *Législation de la Tunisie, Douanes*, p. 52.

Ces droits disparaitront tour à tour, la Conférence consultative en demande la suppression, le Gouvernement consentirait volontiers à la réaliser, mais la suppression complète se fera attendre plusieurs années forcément.

Les dégrèvements effectués jusqu'à ce jour sur l'exportation représentent pour le Trésor tunisien une perte annuelle d'environ 3 millions et demi de piastres. Les droits de cette catégorie ne figurent plus que pour 1.457.000 francs dans les prévisions de recettes de 1892; or ces 1.400.000 francs sont indispensables à l'équilibre budgétaire : on ne pourra s'en passer qu'à mesure et en proportion des plus-values qui se produiront sur les autres chapitres du budget.

Cette abolition pourrait être hâtée cependant en relevant certains droits à l'importation, principalement ceux sur les vins et spiritueux, les comestibles, etc...., mais outre que ce serait peu politique et très déplacé quant à la France qui vient de consentir à des dégrèvements pour les produits tunisiens, et qu'elle devrait payer plus en important en Tunisie, il semble nécessaire d'attendre pour ces remaniements de taxes l'expiration du traité de commerce italo-tunisien, c'est-à-dire 1896.

Il en est de même pour un octroi de mer qui procurerait quelques ressources aux communes tunisiennes bien délaissées, mais ces mesures (relèvement des droits d'importation et octroi de mer) seraient une violation du principe de réciprocité que la France réclame à juste titre. La Tunisie serait mal accueillie au Parlement lorsqu'elle solliciterait la franchise douanière, après avoir créé au profit des produits tunisiens comme des droits protecteurs sur l'importation des produits similaires de la métropole. Ce serait un danger. Il est vrai que seules les marchandises étrangères pourraient payer cet octroi.

En attendant que le gouvernement tunisien entre dans cette voie, voici le tarif des droits d'importation en 1891 : en général toutes les marchandises sont soumises à un droit *ad valorem* de 8 0/0, seuls les vins et spiritueux payent 10 0/0; quelques articles bénéficient d'un tarif réduit, la bijouterie, les pierres précieuses, le corail brut, les dorures fines, l'horlogerie, l'ivoire brut.

Les céréales, les feuilles imprimées, les douilles et bourres, l'or et l'argent en lingots, les pierres meulières, les animaux des races chevaline, asine, mulassière, bovine, ovine, caprine et porcine, les huiles pures d'olive, le gibier mort ou vivant, les volailles mortes ou vivantes, les instruments et machines agricoles énumérés dans les décrets, les appareils de sondage et de forage des puits artésiens, — sont admis en franchise.

L'introduction des armes et munitions de guerre, du nitrate de soude, du salpêtre et du soufre est prohibée. Il en est de même du tabac, du kif, du haschich; de même encore des ceps de vigne, des sarments, des boutures avec ou sans racines, des marcottes, etc..., ainsi que de tous les débris de la vigne ou d'arbres, afin de préserver la Tunisie du phylloxéra. Exception est faite pour les pommes de terre, les truffes, et les topinambours, qui sont admis après avoir été lavés et entièrement dégarnis de terre.

En 1892, la Conférence consultative porta principalement son attention sur la suppression si désirée des droits de douane à l'entrée en Tunisie de certains produits tunisiens, et le gouvernement beylical, continuant ses excellentes traditions, rendit un décret le 17 mars, qui supprimait les droits d'exportation qui frappent certains produits (beurre frais et salé, cire, goudron, graisse, résidus de grignons d'olive traités par le sulfure de carbone entièrement secs, olives en saumure, poils de chèvre, scories, soude, tan).

Cette année avait été féconde et était venue apporter à la Régence son tribut de progrès et d'améliorations, la France en avait aussi profité, puisqu'elle voit sa part être 51 0/0 du total du commerce extérieur de la Régence.

En 1893, les principales questions examinées par la Conférence consultative furent les dîmes sur les huiles, l'importation en franchise du plâtre en général destiné à l'amendement des terres, l'admission en franchise à leur entrée en France d'une manière générale de tous les légumes frais ou secs, et de toutes espèces médicinales, etc...

Le Gouvernement beylical rendit plusieurs décrets intéressants : le décret du 18 mars, réduisant le tarif d'exportation sur les dattes, et le décret du 30 septembre sur la boutargue et le thon, étendant cette mesure à l'exportation des poissons secs et fumés ; le décret du 18 décembre, établissant un régime douanier de faveur pour les plantes et boutures destinées aux plantations, enfin le décret du 21 décembre réduisant les droits sur les charbons et les bois introduits en Tunisie.

La Conférence consultative en 1894 s'est occupée de l'introduction en Tunisie des plants, fruits et légumes frais, de la modification du régime fiscal sur les laines et les peaux, etc... C'est d'un décret du 13 décembre que date la réduction des droits d'importation sur les laines en suint et bonnetouf qui ne payeront que 12 francs et la laine lavée que 20 francs le quintal. La laine filée ne paye plus rien au lieu de 10 fr. 20 *ad valorem*.

En 1895, les travaux de la Conférence consultative ont porté principalement sur l'extension des franchises stipulées en faveur des produits tunisiens par la loi du 19 juillet 1890 (légumes, fruits verts et secs, bois, etc.) extension aux commerçants en vins de la délivrance des certificats d'origine, suppression du droit de sortie sur les os et cornes, du droit d'exportation sur les alfas et les dattes, admission en franchise des raisins frais de Tunisie en France, modifications aux dispositions qui régissent la délivrance des certificats d'origine, etc. Elle déposa de plus un vœu « tendant à obtenir du Gouvernement français l'union douanière à partir de septembre 1896 ».

Elle reçut la satisfaction d'un de ses désirs par le décret du 11 mars qui abaissait les droits d'entrée sur les fruits et légumes à Tunis[1], le décret du 30 mai, qui étendait la franchise des droits d'importation à des instruments agricoles, et le décret du 27 juin, supprimant, à partir du 1er janvier 1896, le droit de sortie sur les os et cornes d'animaux.

En 1896, la Conférence consultative, dans sa session de juin, s'occupa des différentes questions financières et économiques d'un haut intérêt pour l'avenir de la Régence, question du régime douanier, réduction des droits de sortie sur les alfas, et étude des conséquences fiscales de la réforme douanière qui avait commencé

[1] Bompard et Caudel. *Supplément*.

cette année même par la signature de quelques arrangements avec des puissances étrangères.

Les décrets modifiant le tarif douanier en 1896 sont le décret du 18 mars réduisant de 1 fr. 95 à 0 fr. 75 les droits d'exportation sur chaque quintal de dattes de Gabès et B'serr ; le décret du 21 octobre réduisant aussi mais transitoirement les droits d'exportation des dattes Horra et Dégla à 2 fr. 50 pour les premières et 6 francs pour les autres par 100 kilog. ; le décret du 21 juin, admettant temporairement en franchise de droits les tonneaux de colza importés dans la Régence, destinés à être traités par le sulfure de carbone. L'objet de cette mesure était de favoriser l'industrie locale du savon et de prévenir le chômage de certaines huileries, en cas de pénurie de grignons d'olive. Enfin un décret beylical du 28 septembre portait tarif général des douanes pour les productions originaires des pays n'ayant pas de convention commerciale avec la Régence.

En 1897, la Conférence consultative eut à s'occuper de différentes mesures relatives au régime douanier, encouragement aux industries tunisiennes, réforme du régime fiscal du bétail, communication des instructions relatives aux certificats d'origine, époque de la pêche des éponges, etc.

La préoccupation constante du Gouvernement tunisien d'apporter toutes facilités et d'accorder toutes faveurs possibles au commerce et à l'industrie, se manifeste encore au cours de 1897, par des décisions qui réduisent les droits perçus par la douane. Nous devons citer :

Le D. B. du 17 juillet, réduisant à 1 fr. par 100 kil. le droit d'exportation sur la boutargue et le thon, et à

2 fr. les droits sur les autres poissons salés ; le D. B. du 11 février, réduisant à 2 fr. 50 par 100 kil. l'ancien droit de 4 piastres et demie sur les dattes Horra et à 6 fr. celui de 11 piastres et demie sur les dattes Dégla. Ce même décret réduit de 1 fr. 27 à 0 fr. 50, le droit perçu par quintal sur l'alfa et le diss à Sfax et dans les ports du Sud de cette ville ; le D. B. du 27 octobre, supprimant le droit d'exportation de 20 fr. sur le quintal de laine lavée ; le D. B. du 27 décembre, modifiant le tarif général des douanes, en ce qui concerne les cotonnadés et appliquant aux huiles pures, fruits et graines oléagineuses des pays étrangers les droits et surtaxes du tarif général.

Telles sont les principales décisions prises au cours de l'année 1897, qui jointes aux décisions des années antérieures nous donnent, dans leur ensemble, le régime douanier tunisien à la date du 31 décembre 1897.

II. *Le commerce franco-tunisien à la fin de l'année 1897.*

1° Marchandises et produits français importés en Tunisie[1].

Semoules. En tête de nos importations françaises figurent les gruaux et la semoule, qui viennent exclusivement de Marseille. D'introduction récente en Tunisie, leur consommation prend de jour en jour des proportions plus grandes. On estime de 6 à 7 millions de francs par an la valeur des semoules et des gruaux

[1] Dollin du Fresnel, *Bulletin de la Société de Géographie commerciale 1894*, p. 63 et 64.

français introduits en Tunisie. Gênes a tenté un moment de nous enlever cet article, mais elle n'y a pas réussi, la prime de sortie dont jouissent les minotiers de Marseille, pour leurs expéditions dans la Régence, leur assurant le monopole de ce produit dans toutes nos échelles.

Cafés. — L'importation marseillaise des cafés est peu de chose en comparaison de celle des semoules. En 1896, ces importations se sont élevées à 560.121 kil., représentant une valeur de 811.909 fr. Les cafés de Gênes, Trieste et Malte concurrencent les cafés français.

Sucres. — Le produit français est ici très concurrencé par l'Autriche. En 1896, les importations de sucre français ont atteint : sucres bruts, 977.281 kil., valeur 279.600 fr. ; sucres raffinés, 237.335 kil., valeur 759.500 fr. ; contre 2.095.581 kil. venant directement de Trieste et 1.525.915 kil. de même provenance, mais par voie de Malte.

Matériaux de construction. — Comme tonnage c'est une importation importante en Tunisie : chaux hydraulique, ciment, briques, tuiles. Nous ne sommes battus que pour les briques par les Italiens. La Tunisie reçoit aussi de France les pierres brutes ou préparées d'Arles, le plâtre brut ou préparé, les tuyaux en terre cuite, les carreaux de terre et de ciment comprimé et autres. L'Italie nous fait concurrence pour les carreaux vernis ou émaillés.

Tissus. — Dans les tissus de coton, nous sommes complètement battus par l'Angleterre avec ses produits de Manchester et de Glasgow. Les seuls tissus de coton français reçus dans la Régence sont les satins, satinettes, mousselines, cretonnes et les tissus imprimés pour robes. En 1896, la France expédie en tissus de coton pour 600.000 francs contre plus de 3 millions pour l'Angleterre. Nous reprenons l'avantage sur les tissus de laine qui représentent en 1896 une importation tunisienne de 182.245 francs contre 300.000 francs pour la Belgique, l'Italie, l'Angleterre, l'Allemagne et la Turquie réunies. Nous avons le même privilège pour les tissus de jute et de chanvre, l'Angleterre pour les premiers, l'Italie pour les seconds tente la concurrence. Lyon vend exclusivement des soieries, Zurich seule vend aussi des taffetas unis et des marcelines.

Boissons. — La France n'a une réelle suprématie que pour les bières. Elle est battue sur les vins et les alcools par l'Italie, l'Espagne et l'Autriche. Nous exportons en 1896 : 5.403 hectolitres de bière contre 180 de toute autre provenance, mais pour les vins pour une somme de 142.000 francs contre 296.000 et 370.000, parts de l'Italie et de l'Espagne. L'alcool vient surtout d'Autriche pour une valeur de 100.000 francs contre 90.000 francs d'importation française. La Tunisie reçoit encore de France les rhums et tafias, les eaux-de-vie (250.000 fr.) et les liqueurs.

Métaux. — La part de la France dans l'importation des fers en Tunisie ne saurait être regardée comme normale, à cause de la construction de nombreuses voies ferrées : de là l'importation de 578.000 francs de rails en fer en 1895 et de près d'un million en 1896. Pour les fers commerciaux, nous avons eu à lutter avec la Belgique qui nous a combattu avec un avantage marqué pour le fer en barre et le fer à T pour constructions. La France fournit encore à la Tunisie : les fers feuillards, les tôles en fer-blanc, les essieux, les laminés ou battus, le plomb en masses brutes ou saumons, l'étain en barres, le zinc laminé et d'autres métaux.

Compositions diverses. — La France envoie en Tunisie les savons ordinaires de ménage, la parfumerie, les cirages, les médicaments composés, surtout les bougies de toute sorte, dont elle a la fourniture exclusive.

Produits d'animaux. — La Tunisie demande à la France la viande salée de porc, les conserves et extraits de viande, les fromages, le beurre, les graisses, les laines, les soies teintes et surtout les soies grèges et moulinées. Les soies grèges les plus importantes comme chiffres d'affaires (574.467 fr.) sont concurrencées par celles de Milan (211.714 fr.).

Poteries. — Les poteries venant de France sont les poteries communes, les carreaux et pavés céramiques, les faïences et porcelaines. Les faïences de Gien priment les autres par leur importance.

Verres et cristaux. — C'est 100.000 francs d'importations françaises annuelles, avec une concurrence peu importante de Belgique, d'Italie et de Bohême. Notre supériorité existe surtout pour les bouteilles et notre infériorité pour les verres à vitres.

Papier et ses applications. — Les cartons, papiers, livres, gravures, et cartes à jouer sont importés de France. L'Italie a contrebalancé un moment la France pour le papier paille, et, en cet article, son importation est encore assez forte.

La France a importé en Tunisie, en 1896, 758.542 kilog. de papier de toute sorte, d'une valeur de 318.355 francs, alors que l'Italie en a importé 81.215 kilog., pour une valeur de 30.022 francs. La France occupe donc le premier rang pour cette fourniture. Nos manufacturiers ayant apporté de grandes améliorations à leur outillage, ce qui leur a permis d'abaisser leurs prix, il est possible que bientôt ils enlèvent à l'Italie et à la Belgique les papiers que ces nations importent encore.

Les papiers belges sont surtout des papiers d'emballage, du papier paille dont les indigènes usent, et dont on a besoin même en Tripolitaine.

Carrosserie de toute sorte. — C'est encore la France qui a le monopole de la fourniture : 518.467 francs sur une importation de 551.409 francs. La différence entre ces deux sommes est fournie par l'Italie.

Machines, instruments et outils agricoles. — C'est un important article, dont le chiffre va toujours en augmentant, ce qui démontre le progrès de l'industrie et de l'agriculture en Tunisie. La France a en effet importé, dans la Régence, en 1896, pour 632.566 francs de machines et mécaniques de toute sorte, chaudières, pièces détachées et organes. Après viennent la Belgique, l'Italie, l'Angleterre. Quant aux outils agricoles, sur une importation d'une valeur de 51.985, la part de la France a été de 46.585 francs.

2°. — Marchandises et produits tunisiens exportés en France [1].

Avant la loi douanière de 1890, tous les blés, une bonne partie des huiles, les cires et les orges tunisiens étaient presque exclusivement dirigés vers Gênes, Livourne et Castellamare. La franchise accordée à ces

[1] Dollin du Fresnel, *op. cit.*, p. 70 à 77.

produits à leur entrée en France nous a réservé l'achat exclusif de ces marchandises, sans nous faire craindre aujourd'hui aucune concurrence de la part de n'importe quel Etat.

Blés. — Une des branches les plus actives des exportations tunisiennes en France, porte sur le blé dur. Marseille moud ces grains, les réduit en semoule, et les réexpédie dans toute la France. Ces blés durs tunisiens sont d'une excellente qualité et servent en France à la fabrication des pâtes alimentaires. Cette fabrication a pris une vaste extension dans la Métropole.

Orges. — Les expéditions d'orge en France n'ont pas la même importance que celle des blés durs ; cependant Marseille et Dunkerque reçoivent des orges qui sont très appréciées dans le nord de la France, pour la confection de la bière, ainsi que par les brassesies belges et anglaises.

Huiles d'olive. — Ces huiles sont un des principaux produits de la Tunisie exportés en France. Elles sont excellentes depuis que les Européens ont installé des usines perfectionnées. Ces huiles fines et surfines vont toutes à Marseille ou à Salon. Les expéditions en France sont croissantes. Le trafic avec l'étranger est très faible, à peine peut-on citer l'Italie et Malte qui achètent 500.000 kilog. les bonnes années. Les grignons d'olive sont maintenant utilisés en Tunisie même, par des usines. On en fait de l'huile de grignon, bonne à la fabrication du savon et au graissage des machines. Cette huile vaut 40 francs les 100 kilog. Après la France, Tripoli et l'Egypte en achètent de petites quantités. Il serait désirable que l'achat direct à Sousse, Médhia, Monastir ou Sfax, se répandit en France.

Vin. — Un autre produit qui est appelé à de grands développements dans un avenir très prochain, est la fabrication du vin. De très bonne qualité, ces vins sont tous dirigés vers la France. En 1895, les expéditions se sont élevées à 132.282 hectolitres, mais en 1896, à raison de la sécheresse, elles ont baissé à 85.957 hectolitres. Le prix obtenu à Tunis a été de 18 francs l'hectolitre, ce qui fait pour les exportations de 1895 un total de 2.189.076 francs, et en 1896 : 1.517.226 francs seulement.

Une idée, préconisée à plusieurs reprises et dont l'application serait une fortune pour la colonie, serait la création d'entrepôts dans les divers départements de France ne cultivant pas la vigne.

Animaux vivants. — Autrefois nulles, ces expéditions prennent beaucoup d'extension. La race bovine tunisienne est de petite taille, mais vigoureuse et solide. Suffisamment engraissés, les bœufs tunisiens peuvent sans crainte aborder les marchés de la Métropole. En 1896, le mouvement d'exportation en France a été de 8.164 bœufs, représentant une valeur de 2.632.600 fr.

La race ovine, presque unique en Tunisie, est le mouton de Barbarie, à large queue. Sa chair, par une nourriture de plantes aromatiques et salines, est généralement très bonne. Les exportations moyennes en France atteignent annuellement 250.000 francs. Celles d'animaux de la race porcine sont insignifiantes aussi bien pour la France que pour l'Algérie.

Dépouilles d'animaux. — L'abatage des bœufs produit beaucoup de peaux ; seulement, elles vont surtout en Italie ; cela provient de ce que les peaux de bœufs n'entrent pas en France en franchise.

En 1896, la Tunisie expédie en France 39.810 kilog. de grandes peaux brutes de bœufs, représentant 29.357 francs, alors que l'Italie reçoit 258.051 kilog., valant 201.038 francs. En petites peaux de brebis, moutons, agneaux, la proportion se présente en sens inverse. En 1896, la France en reçoit pour 182.170 francs. Un autre produit, non moins important, en dépouilles d'animaux, est celui des peaux de chèvres et de chevreaux ; la production est toute dirigée vers la France. En 1896, la Tunisie a expédié à Marseille 131.761 kilog. de ces peaux, soit une valeur de 188.665 francs. De tout ce qui précède, on peut donc conclure que les exportations sur la France des peaux brutes représente une valeur de près de 100.000 francs par an.

Laines. Il y a fort peu de temps, presque toutes les laines tunisiennes étaient dirigées vers la France, aujourd'hui, c'est l'Italie qui en achète la majeure partie. Cela dépend des droits d'entrée auxquels sont encore assujetties les laines à leur entrée en France, droits dont sont exempts les produits similaires de l'Algérie. La totalité des exportations de laines en suint atteint à peine 150.000 kilog. par an, dont 30.000 kilogs pour la France, le reste pour l'Italie ; cette insignifiance des exportations de laine tient à ce que le filage et le tissage de la laine en Tunisie sont une industrie du pays ; dans l'île de Djerba, on fabrique les haïks, les burnous, les couvertures ; à Kairouan, les tapis.

Eponges. Très nombreuses dans les eaux de Sfax, Gabès et Djerba, la pêche des éponges est entre les mains des Grecs, des Siciliens et des Arabes ; elle commence en avril et finit en octobre. Les produits lavés sont vendus aux enchères et achetés, pour la moitié au moins, par des maisons françaises et dirigées uniquement vers Paris. Le reste va en Autriche, en Belgique, en Grèce, en Italie et à Malte. En 1896, la part de la France a été de 46.589 kilog., valant 559.068 fr. Ce produit a donc une grande importance.

Pêches. — En fait de pêches, le commerce de la Tunisie avec la France est d'une infériorité désolante. La métropole prend pour 70.000 francs de ces produits, alors que l'Italie en absorbe un million et plus. Ceci provient de ce que par les anciennes conventions presque toutes les pêcheries sont entre les mains des Italiens. Pour les thons, la boutargue, les poissons secs et salés, l'Italie importe de Tunisie pour plus de 1.200.000 francs, alors que la part de la France ne monte pas à 600 francs. Pour le poisson frais seulement, par contre, nous faisons pour 85.110 francs d'affaires, alors que la part des autres États est absolument nulle.

Alfa. — Ce produit autrefois inutilisé constitue aujourd'hui une des principales richesses de l'Est et du Sud de la Tunisie. Malheureusement la France, encore insuffisamment outillée pour utiliser le sparte, laisse l'Angleterre s'approvisionner en Tunisie, et presque tout cet alfa sert à la fabrication du papier. La France en achète annuellement 10.000 quintaux, l'Angleterre dix fois plus pour un million de francs; et pourtant autrefois la sparterie était une branche du commerce français assez importante, surtout à Paris où Louis XV l'entourait d'une protection toute spéciale. A la manufacture royale de Popincourt, on était parvenu à réduire le sparte en brins assez fins et assez souples pour faire des toiles. Tout cela est bien changé.

Dattes. — Le sud de la Tunisie produit des dattes excellentes, supérieures à celles de l'Egypte, de la Tripolitaine, et même de l'Algérie. Pourtant la France en achète à la Tunisie pour 50.000 francs seulement par an, et pour près de 600.000 à l'Algérie.

Minerais. — La Tunisie est riche en mines et en carrières (zinc, plomb, calamine). Toutes les mines de zinc de la Régence réunies produisent plus d'un million de francs de minerai, sur ce chiffre la part de la France est de 400.000 francs, alors que le reste va en Belgique et surtout à Liège en passant par Anvers.

Phosphates. — C'est une exploitation destinée à jouer un grand rôle dans les transactions tunisiennes avec la mère-patrie. La société française des phosphates de Gafsa a une mine qui peut donner, annuellement, 50 millions de tonnes avec une bonne proportion de phosphates. Les compagnies de transport devraient s'entendre avec cette société concessionnaire pour faire profiter la France agricole tout entière des produits de ce riche gisement.

Telle était la situation du commerce *franco-tunisien*, au début de 1898. Bien des produits importants ne font pas encore l'objet de transactions aussi considérables que le voudraient les fabriques de la métropole et les besoins de la colonie, et réciproquement, mais cette situation va être profondément modifiée par le nouveau régime douanier qui va donner de sérieux avantages aux meilleurs éléments du commerce franco-tunisien, tant à l'importation qu'à l'exportation.

CHAPITRE VII

Révision des traités tunisiens.

L'action du gouvernement français, en vue de la révision des traités tunisiens, commença à se manifester dès l'année 1888, et les négociations se poursuivirent, mais le mauvais vouloir des nations était évident, surtout de la part de l'Italie et de l'Angleterre, si bien que ce ne fut qu'en 1896 et 1897, c'est-à-dire quinze ans après l'établissement du Protectorat, que ces négociations ont abouti à de nouveaux traités [1].

Pour voir enfin un progrès sérieux, il faut arriver au premier acte qui fut conclu sous le nom de « Déclaration » et qui, « en vue de déterminer les rapports entre la France et l'Autriche-Hongrie en Tunisie, et de bien préciser la situation conventionnelle de l'Autriche-Hongrie dans la Régence », fut faite et signée d'un commun accord à Paris, le 20 juillet 1896.

« L'Autriche-Hongrie déclare qu'elle renonce à invoquer en Tunisie le régime des capitulations et qu'elle s'abstiendra d'y réclamer, pour ses consuls et ses nationaux, d'autres droits et privilèges que ceux qui leur sont acquis en France, en vertu des traités existants entre l'Autriche-Hongrie et la France. » Ceci c'est

[1] M. Estoublon, *à son cours.*

bien montrer que le gouvernement autrichien considère le territoire tunisien comme assimilé à celui de la Métropole, rien d'étonnant d'ailleurs à cela, n'est-ce pas un des effets ordinaires du Protectorat ?

Maintenant nous entrons dans le vif de la question : « l'Autriche-Hongrie n'entend pas non plus revendiquer le bénéfice du régime établi ou à établir en matière de douane et de navigation entre la France et son Protectorat tunisien, pourvu que le traitement de la nation la plus favorisée lui reste conservé à l'égard de toute autre puissance ». Cette fois-ci nous avons pleine liberté pour établir tout tarif douanier à notre convenance entre nous et notre Protectorat, les mots ci-dessus sont fort explicites, et les suivants confirment et entrent dans le détail. Nous avons maintenant entière liberté douanière : « par suite, les droits, privilèges ou avantages de toute nature, qui sont ou qui à l'avenir seraient concédés en Tunisie à une tierce puissance, *excepté la France*, reviendront de plein droit à l'Autriche-Hongrie et aucune tierce puissance, *toujours à l'exception de la France*, ne pourra être traitée sous aucun rapport, dans le Protectorat, d'une manière plus favorable que l'Autriche-Hongrie. » Ainsi donc, c'est la reconnaissance que la France ne peut être considérée comme une puissance étrangère à la Tunisie, même sous le rapport douanier et qu'elle peut s'octroyer tous avantages commerciaux qu'elle voudra, sans qu'aucune nation étrangère puisse appliquer la clause de la nation la plus favorisée — la France étant au-dessus de cette clause. — Et le paragraphe suivant explique le consentement de l'Autriche à cette réforme, c'est notre renonciation à un avantage temporaire :

« Le Gouvernement de la République déclare, en cette circonstance, qu'il renonce à réclamer — jusqu'au 1er janvier 1904 — pour les vins français, à leur entrée en Autriche-Hongrie, le traitement acquis à certains vins italiens par le traité de commerce du 6 décembre 1891, conclu entre l'Italie et l'Autriche-Hongrie, traitement qui, en Autriche-Hongrie, n'est pas appliqué en vertu du régime du régime de la nation la plus favorisée, aux vins d'aucune autre puissance[1]. » Voilà le traité austro-hongrois ; il est à remarquer, parce qu'il est le premier qui nous donne satisfaction entière.

La France est en dehors de la clause de la nation la plus favorisée, un avantage concédé par la Tunisie à la Métropole ne pourra être réclamé par une tierce puissance. Cette déclaration servira beaucoup pour influencer la décision des Gouvernements encore hésitants, et elle sera le modèle des courts traités passés avec la majorité des Etats. Nous réservons, bien entendu, les traités spéciaux, très importants, conclus non sans peine avec l'Italie, et surtout avec l'Angleterre.

II. — *Révision du traité italo-tunisien de 1868, et déclaration des puissances.*

Le traité italien de 1868 préoccupait beaucoup les gens compétents en ces questions, et de nombreuses protestations s'élevaient de peur que le traité ne fût renouvelé.

[1] Docum. diplomatiq., *Révision des traités tunisiens*, 1881-97, p. 47.

Ainsi, à la Société des agriculteurs de France, M. Bonnard, le 15 février 1895, déposa le vœu que le traité fût dénoncé dans les délais voulus et non renouvelé[1]. Après avoir cité l'article 4 du traité de Casr-Saïd, M. Bonnard poursuit : « Un de ces traités garantis par la France, le traité italo-tunisien du 8 septembre 1868 va arriver à expiration, mais seulement s'il est dénoncé, comme il est dit à l'article 25, c'est-à-dire qu'il « restera en vigueur pendant 28 ans à dater du jour de l'échange des ratifications ; mais si douze mois avant l'expiration dudit délai, il n'est pas dénoncé par une des deux hautes parties contractantes, il se trouvera renouvelé pour un temps égal ». L'urgence est évidente, nous sommes au 15 février : voulons-nous que le 8 septembre prochain le traité se trouve de plein droit renouvelé et nous lier jusqu'en 1924?

L'Italie ne dénoncera pas en 1895 le traité italo-tunisien ; mais le Bey peut le faire dénoncer par son ministre des affaires étrangères, le Résident général de France en Tunisie. En ces matières, le Bey, c'est nous. Il veut ce que nous voulons. Mais la France est-elle libre de vouloir cette dénonciation ? Où serait-elle engagée ? Par quoi ? Ce n'est pas par le traité de Casr-Saïd, car s'il garantit le traité, il garantit l'article 25 comme les autres, c'est-à-dire la faculté de dénonciation. Ce n'est pas non plus par le protocole du 25 février 1884, signé Mancini et Decrais, sur la suspension de la juridiction consulaire italienne, son article 2 n'a jamais signifié cela, « article 2 : sauf cette dérogation au

[1] Paul Bonnard, *Dénonciation du traité italo-tunisien de 1868*, p. 4.

régime actuel, il est expressément convenu que toutes les autres immunités, avantages et garanties assurés par les capitulations, les usages, les traités restent en vigueur ». Le traité ne pourrait être renouvelé par des termes aussi vagues. Non, la France n'est pas engagée. Et M. J. Ferry, président du Conseil, ministre des des affaires étrangères, a pu dire le 3 avril 1884, à propos de ce texte : « Permettez-moi de vous faire observer que, si le Protectorat hérite de conventions antérieures, ces conventions ne sont point immuables; qu'elles renferment des clauses de dénonciation. »

Ces déclarations publiques et solennelles ont été connues de M. Mancini, alors ministre des affaires étrangères en Italie, elles n'ont donné lieu à aucune rectification de sa part le 31 mai suivant à la Chambre italienne, dans le débat sur la suspension de la juridiction consulaire italienne en Tunisie [1].

Il est donc avéré que la France est libre de vouloir la dénonciation. L'Italie ne sera pas surprise, elle est prévenue depuis 1884 au moins et connaît les paroles de notre ministre des affaires étrangères. Notre intérêt n'est pas douteux. Depuis le 12 mai 1881, malgré le protectorat, nos produits entrant en Tunisie continuent à payer les mêmes taxes que les produits italiens. La France veut-elle encore payer pendant 28 ans les mêmes droits que l'Italie, quand tous les Etats de l'Europe sont armés contre nous de tarifs douaniers : à ce point que, par exemple, le vin de France, nation pourtant « la plus favorisée » entre en Autriche-Hongrie à 50 francs par hectolitre, pendant que le vin

[1] *Gazzetta ufficiale del Regno d'Italia*, 31 maggio 1884.

d'Italie, venant de Sicile, paye 8 francs seulement, à titre de « taxe de voisinage »? C'est ce que nous avons vu à la fin du traité austro-hongrois, ci-dessus. « Le temps travaille pour nous, disait notre ministre des affaires étrangères en juillet 1890, oui puisque l'expiration du traité de 1868 approche, mais à cette condition qu'il soit dénoncé ». Et la proposition de M. Bonnard pour la dénonciation du traité italo-tunisien de 1868 fut mise aux voix et adoptée à l'unanimité.

Dans la séance générale du 18 février 1895 de la société des agriculteurs de France, M. Bonnard reprit son argumentation, et considérant que le traité italo-tunisien assure actuellement aux produits italiens à leur entrée en Tunisie, le même traitement douanier qu'aux produits français ; tandis que la France, nation protectrice, a droit, au point de vue de l'équité, à un régime de faveur ; considérant que le texte de ce traité peut être une cause de malentendus entre l'opinion en Italie et l'opinion en France et par là faire obstacle à la colonisation française en Tunisie, laquelle est nécessaire si nous ne voulons pas que Bizerte et ses avant-postes soient entourés d'une population exclusivement arabe ou italienne, demanda que la question fut portée devant les pouvoirs publics afin que ce traité italo-tunisien fut dénoncé avant le 8 septembre 1895. Et ce vœu fut adopté par l'Assemblée [1].

Cette discussion suivie de ce vœu significatif est un exemple du travail qui s'accomplissait contre le renouvellement tacite du traité italo-tunisien, et nous avons cru bon de le donner parce qu'il montre bien la tournure des esprits à cette époque.

[1] Paul Bonnard, *op. cit*, p. 7.

Le Gouvernement français dénonça dans les délais prescrits (art. 25 du traité italo-tunisien de 1868) ce traité de 1868, et les négociations furent entamées avec l'ambassadeur du Roi d'Italie, pour en conclure un autre, sur des bases différentes. Ce ne fut pas sans difficultés que furent enfin signés à Paris cinq actes portant la date du 28 septembre 1896 et qui règlent à notre entière satisfaction nos rapports avec l'Italie. Nous n'avons ici à nous occuper que du premier de ces actes sans étudier la Convention consulaire et d'établissement et le protocole y annexé, ni la Convention d'extradition et le protocole-adjoint — qui porte le nom de Convention de commerce et de navigation conclue entre le Président de la République française, et S. M. le Roi d'Italie.

Les sept premiers articles de cette Convention traitent de la liberté du commerce et de la navigation, du cabotage, de la pêche, sans nous apprendre rien de nouveau, mais les articles 8 et 9 ont ici une importance capitale, parce que leurs clauses sont les bases de ceux conclus avec les autres puissances [1].

L'article 8 stipule que les marchandises de toute nature tunisiennes ou italiennes qui peuvent ou pourront être légalement importées en Italie ou en Tunisie, ne seront pas assujetties à l'importation dans ces deux pays à aucun droit d'entrée autre ou plus élevé que celui qu'auraient à payer les marchandises similaires, produits de la nation la plus favorisée. Le paragraphe suivant donne la même règle pour les exportations. C'est le tarif de la nation la plus favorisée, comme

[1] M. Estoublon, *à son cours*.

pour tout ce qui concerne d'une manière générale, dit le § 3, l'importation, l'exportation, la réexportation, le transit, l'emmagasinage, l'entrepôt, les primes d'importation et d'exportation, les remboursements de droits, les admissions temporaires, les droits locaux, le courtage, les tarifs et formalités de douane et les échantillons. Le § 4 est des plus importants. Il est d'ailleurs bien entendu, porte-t-il, que le traitement de la nation la plus favorisée dont la jouissance est assurée à l'Italie ne lui donne pas droit au régime douanier qui pourrait être institué entre la Tunisie et la France, mais seulement aux avantages de quelque nature que ce soit qui, dans les matières énumérées au § 3, seraient concédés à une tierce puissance quelconque. Ce § 4 contient donc notre liberté douanière vis-à-vis de la Tunisie.

L'article 9 stipule qu'au cas où le tarif actuel de 10 0/0 à l'entrée sur les vins et de 8 0/0 sur les autres articles viendrait à être supprimé en Tunisie, le droit nouveau ne pourra être plus élevé que celui inscrit, pour le même article, au tarif minimum français, exception faite pour les produits repris au dit tarif minimum sous les n°s 88 et 110[1], ce qui veut dire que « cet article 9 fixe une limite maxima pour les droits dont pourront être frappés les produits italiens à leur importation dans la Régence. Au cas où le tarif alors en vigueur de 10 0/0 à l'entrée des vins et de 8 0/0 pour les autres articles, viendrait à être supprimé, le droit nouveau ne pourra en principe et sauf exception prévue par le

[1] Documents diplomatiques, *Révision des trait. tunis.*, 1881-1897, p. 49 et 50.

texte, être plus élevé que celui inscrit pour le même article au tarif minimum français ».

Il s'agit du traité tunisien inscrit à la loi du 11 janvier 1892, pour les importations étrangères en France ; ainsi, les produits italiens ne paieront jamais plus que le tarif minimum français, voilà la limite maxima, et ne pourront payer moins si d'autres réductions sont accordées à d'autres puissances qu'à la France, et ceci est la base de toutes les autres conventions[1].

L'article 10 prévoit la possibilité de prohibitions ou de restrictions à l'entrée, à la sortie ou au transit de marchandises pour des motifs sanitaires ou de sécurité publique.

L'article 11 stipule que les marchandises de toute nature, originaires de Tunisie et importées en Italie, ne pourront être assujetties à des droits d'accise, de consommation intérieure ou d'octroi autres ou plus élevés que ceux qui grèvent ou grèveront les marchandises similaires d'origine italienne, et réciproquement pour les marchandises italiennes en Tunisie.

L'article 12 fixe la durée de la présente convention ; elle restera en vigueur jusqu'au 1er octobre 1905. Dans le cas où aucune des Hautes Parties contractantes n'aurait notifié, douze mois avant la dite date, son intention d'en faire cesser les effets, elle demeurera obligatoire jusqu'à l'expiration d'une année à partir du jour où l'une ou l'autre l'aura dénoncée.

L'article 13 parle des ratifications et de l'entrée en vigueur, qui datera de l'échange des ratifications.

Les négociations étaient entamées avec toutes les

[1] M. Estoublon, *à son cours*.

puissances, aussi voyons-nous se succéder leurs résultats.

Nous avons à citer en premier lieu : la déclaration de la Russie du 2 14 octobre 1896, dont voici les termes : Les traités et conventions de toute nature en vigueur entre la France et la Russie sont étendus à la Tunisie. La Russie s'abstiendra de réclamer pour ses consuls, ses ressortissants et ses établissements en Tunisie, d'autres droits et privilèges que ceux qui leur sont acquis en France. Il est bien entendu, au surplus, que *le traitement de la nation la plus favorisée en Tunisie ne comprend pas le traitement français*. On ne peut être plus explicite.

Le même jour, 14 octobre, la déclaration du gouvernement suisse était signée à Paris par M. Hanotaux et M. Lardy pour la Suisse. Cette déclaration était conçue dans les mêmes termes que la précédente.

Le 18 novembre 1896, le tour de l'Allemagne venait de signer une déclaration en termes plus étendus que les deux précédentes, mais revenant au même. Les stipulations que cette déclaration contient entreront en vigueur dès que les ratifications auront été échangées et resteront exécutoires jusqu'au 31 décembre 1903. Cette déclaration fut signée à Berlin par M. de Noailles[1].

Enfin, des déclarations semblables furent faites par les gouvernements de la Belgique le 2 janvier 1897, de l'Espagne le 12 janvier 1897, du Danemark le 26 janvier 1897, des Pays-Bas le 3 avril 1897, des Royaumes-Unis de Suède et de Norvège le 5 mai 1897. — Tous portent cette phrase : « Il est bien entendu... *que le*

[1] Docum. diplom., *Rév. des Trait. tunis.*, 1881-97, p. 73 et 74.

traitement de la nation la plus favorisée en Tunisie, ne comprend pas le traitement français », ce qui nous met au-dessus de la clause de la nation la plus favorisée et nous donne la liberté douanière la plus complète. Ajoutons que la clause de la nation la plus favorisée, sauf la France, étant accordée à ces Etats, signataires des traités nouveaux, cela implique que ces Etats peuvent invoquer l'article 9 du traité italien et exiger, comme l'Itaiie, que les tarifs qui leur seront appliqués n'excèdent pas le tarif minimum français[1].

III. — *Révision du traité anglo-tunisien de 1875.*

La situation douanière de ces Etat sétant réglée, l'Angleterre restait seule à laquelle la Tunisie fut liée par un traité perpétuel, ne pouvant prendre fin que d'un commun accord. Ce traité tant qu'il subsisterait tenait tout en suspens, puisque d'une part, en vertu de la clause de la nation la plus favorisée qu'il contenait, l'Angleterre pouvait revendiquer tout avantage concédé à la France par la Tunisie, et que d'autre part une tierce puissance, en vertu de la même clause contenue dans leur nouvelle convention, pouvait invoquer le régime conventionnel anglais.

Les négociations avec l'Angleterre étaient très délicates, très malaisées. Le gouvernement de la Grande-Bretagne était toujours plein de rancune contre la France de l'établissement de son protectorat de Tunisie, et sa jalousie faisait naître des difficultés à chaque pas.

On se souvenait toujours des propres paroles de Lord

[1] M. Estoublon, *à son Cours*.

Granville dans une note du Foreign-Office datée du 20 mai 1881 : « Le gouvernement de S. M., dit ce Lord, est heureux de recevoir l'expression des sentiments d'amitié du gouvernement français et d'y répondre par des sentiments analogues. Il serait difficile d'exagérer l'importance que le cabinet anglais attache aux *relations excellentes* qui existent entre l'Angleterre et la France, et dont les avantages ne s'étendent pas à ces deux nations seulement ; mais ce serait manquer à la franchise, si nous laissions croire à M. Barthélemy Saint-Hilaire que l'action de la France en Tunisie ait produit une impression favorable sur l'opinion publique en Angleterre [1] .»

Le ton de cette note est à retenir, quoiqu'il soit coutumier dans la diplomatie anglaise quand une nation voisine réussit dans quelque entreprise. Toujours est-il que, durant notre protectorat, ce mécontentement ne fit que grandir en Angleterre, attisé par les hommes d'Etat, et les négociations pour la révision du traité anglo-tunisien traînaient, — enfin, passant sous silence bien des détails, disons simplement que dès janvier 1896, dans un accord du 15 janvier avec la France au sujet du Siam, le gouvernement anglais veut bien discuter cette question avec nous. Cela a abouti à une convention du 18 septembre 1897, en vigueur le 1er janvier 1898.

Cette convention, dont une grande partie de l'article 1er se compose de la déclaration de la Russie du 2/14 octobre 1896, comprend quelques additions. Elle est conclue « pour une durée de 40 ans à partir de

[1] Docum. diplom. *Affaires de Tunisie, supplément,* avril-mai 1881, p. 59.

l'échange des ratifications du présent arrangement ; et toutes les marchandises et tous les produits manufacturés originaires du Royaume-Uni importés en Tunisie, soit par la voie directe, soit après le transbordement à Malte, jouiront des avantages concédés par le présent article. Il est d'ailleurs bien entendu que *le traitement de la nation la plus favorisée en Tunisie ne comprend pas le traitement français* ».

Maintenant comme prix de la renonciation de l'Angleterre à son ancien traité, « les cotonnades originaires du Royaume-Uni et des colonies et possessions britanniques ne pourront pas être frappées en Tunisie de droits d'importation supérieurs à 5 0/0 de leur valeur au port de débarquement. Elles ne seront pas grevées d'autres taxes ou impôts quelconques ».

« Cette disposition restera en vigueur jusqu'au 31 décembre 1912 (c'est-à-dire 15 ans) et après cette date jusqu'à l'expiration du sixième mois à partir du jour où l'une des parties contractantes aura notifié à l'autre son intention d'en faire cesser les effets », ainsi s'exprime l'article 2 de la Convention.

L'article 3 décide que cet arrangement sera ratifié et au plus vite, qu'il entrera en vigueur immédiatement après l'échange des ratifications. Toutefois le tarif actuel des douanes, à l'importation en Tunisie continuera à être appliqué jusqu'au 31 décembre 1897.

Telle est cette convention franco-anglaise, la dernière en date, qui terminait nos difficultés internationales à propos de la Tunisie. Moyennant la concession consentie sur les cotonnades, la France et la Tunisie recouvrent leur liberté douanière ; cette réduction sur les cotonnades, les autres puissances peuvent la revendiquer, en vertu de la clause de la nation la plus favorisée, mais cela n'a pas d'importance, car ce commerce de cotonnade est restreint à la France et à l'Angleterre, et même avec un droit de 8 0/0 l'Angleterre lutte avantageusement contre nous. En Algérie avec un droit de 30 0/0 nous ne pouvons lutter contre eux. Cette réduction à 5 0/0 ne porte atteinte qu'au budget tunisien qui perd de ce fait 100.000 francs par an.

La Tunisie n'a pas payé cher sa liberté douanière, la meilleure preuve en est dans les récriminations de la presse anglaise et italienne qui a dit que l'Angleterre avait ruiné le commerce des autres pays avec un égoïsme, incommensurable comme la miséricorde de Dieu [1].

Le 31 janvier 1898, la clause de la nation la plus favorisée a été étendue à la Grèce et aux Pays-Bas, par un décret beylical [2].

Telles sont les nouvelles conventions douanières.

IV. — *Promulgation des nouveaux traités.*

En conformité avec ces nouvelles conventions, des décrets beylicaux furent rendus abrogeant les anciennes dispositions des vieux traités. Cette nouvelle série de mesures applicables à la Tunisie commença par le décret beylical du 1er février 1897, qui, au nom d'Ali-Pacha-Bey, possesseur du Royaume de Tunis, vu les conventions, arrangements et déclarations intervenues entre le Gouvernement français d'une part, et les gou-

[1] M. Estoublon, *à son cours.*
[2] *Revue algér. et tunis. de législ. et jurispr.*, 1898, p. 86.

vernements allemand le 18 novembre 1896, austro-hongrois le 20 juillet 1896, danois le 21 janvier 1897, espagnol le 12 janvier 1897, italien le 28 septembre 1896, russe le 14 octobre 1896, suisse le 12 avril 1893, et 14 octobre 1896 d'autre part, prit les décisions suivantes : 1° abrogation définitive des traités et conventions de toute nature relatifs à la Tunisie et conclus antérieurement aux conventions, arrangements et déclarations précités avec l'Allemagne, l'Autriche-Hongrie, le Danemark, l'Espagne, l'Italie, la Russie et la Suisse (art. 1er); 2° Extension à la Tunisie et application sans autre promulgation que celle de ce présent décret des traités et conventions de toute nature en vigueur entre la France et les nations précitées. Le délai de quinze jours stipulé à l'article 4 de la convention franco-suisse d'extradition du 9 juillet 1869 est porté à deux mois en Tunisie (art. 2). Tel est ce premier décret suivi de trois autres de même date, promulguant : 1° la convention de commerce et navigation; 2° la convention consulaire et d'établissement, et le Protocole annexé; 3° la convention d'extradition et son Protocole, conclus entre le gouvernement français et le gouvernement italien, le 28 septembre 1896.

Le 30 août 1897, intervenait un autre décret promulguant la nouvelle convention franco-belge, dans les mêmes termes que les décrets du 1er février. Puis deux décrets du 16 octobre 1897, accomplissant la même œuvre pour les conventions avec la Suède et la Norvège et l'Angleterre, ainsi que la convention d'extradition avec l'Angleterre[1].

[1] Docum. diplomat., *Révis. des trait. tunis.*, p. 83 à 87.

Un décret beylical du 18 octobre 1897 décidait que le tarif général des douanes à l'importation n'était pas applicable aux produits originaires de l'île de Malte. Ces produits pourront être introduits en Tunisie, sans payer de taxes ou de droits autres ou plus élevés que ceux imposés aux produits semblables, provenant de la nation la plus favorisée, *la France exceptée* [1].

Voilà donc quelle était la situation douanière, en Tunisie, pour chaque nation étrangère : celles qui avaient des Conventions devaient les voir appliquées, — elles jouissent de la clause de la nation la plus favorisée. Celles qui n'en ont pas se verront appliquer le tarif général des douanes, établi à nouveau par le décret du 28 septembre 1896, et qui a été révisé par les décrets beylicaux du 2 mai 1898, dans des circonstances à faire connaître.

[1] *Rev. algér. et tunis. de législ. et jurisp.*, 1898, IIIe P., p. 24.

CHAPITRE VIII

Le nouveau régime douanier tunisien de 1898.

La situation douanière des États étrangers fixée, il restait à établir le régime de faveur applicable à la France, en particulier, et à consacrer, par une mesure législative, le tarif général des douanes tunisiennes.

I. — *Les trois décrets beylicaux du 2 mai 1898.*

Ces deux questions s'imposaient à l'attention du gouvernement tunisien; aussi voyons-nous peu après la signature des conventions, notre Résident général exposer dans un rapport au Bey, la situation douanière, donner les bases des dispositions à prendre et régler le nouvel ordre de choses, au mieux des intérêts tunisiens et français.

Depuis le 1er janvier dernier, dit-il, la Régence n'a plus de régime défini des douanes à l'importation des marchandises; il n'y a qu'une situation de fait qui est la suivante : En ce qui concerne le tarif conventionnel, l'une des conventions commerciales de 1896-97, qui ont mis fin aux anciens traités, supprime la taxe de 8 0/0 à l'importation, mais se borne à déterminer, à la place de cette taxe, les limites en deçà desquelles les droits nouveaux devront demeurer (chiffre minimum du tarif français), sans préjuger autrement ce qu'ils devront être. En fait, notre tarif général du 28 septembre 1896 est appliqué dans sa rigueur aux marchandises de certains pays sans traités, comme la Turquie, l'Egypte, la Syrie, l'Inde ou la Perse, les colonies anglaises ou néerlandaises, etc..... L'arrangement anglais règle le régime des tissus de coton. Des décrets beylicaux avaient déterminé le tarif douanier applicable à certaines marchandises (huiles, graines et fruits oléagineux). Mais pour le surplus, le droit de 8 0/0 continue à être perçu sur la plupart des importations, sans que d'ailleurs un nouveau titre légal, un acte législatif, en ait consacré la légitimité.

Ainsi donc, le moment est venu de mettre fin à une situation qui ne saurait se prolonger sans nuire au commerce et entraver les transactions. Le sens dans lequel le régime nouveau devait être établi était nettement indiqué par les circonstances politiques et économiques qui le font naître. D'une part, en effet, la France a droit, en Tunisie, à un régime privilégié : d'autre part, les recettes douanières sont indispensables à l'équilibre du budget de la Régence, dont elles représentent le cinquième[1].

Enfin, la Tunisie n'est pas un pays nouveau : elle commerce de longue date avec toutes les nations d'Europe, et elle s'est créé avec elles des relations d'où sont issus des intérêts locaux considérables qu'il importait de ne pas léser par de trop brusques et trop profonds

[1] *Revue algérienne et tunisienne de Législation et Jurisprudence*, 1898, IIIe P., p. 122, et M. Estoublon, *à son cours*.

changements. Les décrets qui vont suivre ont pour but de concilier, dans la mesure du possible, ces nécessités parfois divergentes.

Pour ce qui concerne la France, il a semblé que la franchise réclamée pour ses produits par quelques-uns, à l'entrée en Tunisie, était une mesure trop radicale, compromettant les finances tunisiennes ; trop radicale aussi l'admission en franchise en France de tous les produits tunisiens. Devait-on s'en tenir au régime restreint de la loi de 1890? Ce fut, en effet, ce parti qu'on adopta, en en étendant naturellement l'application.

Trois décrets beylicaux furent rendus le 2 mai 1898, qui consacrèrent législativement les principes exposés ci-dessus. Le régime de faveur réciproque entre la France et la Tunisie s'y trouve représenté. C'était assurer à la France le régime privilégié à laquelle elle avait droit, tout en maintenant l'équilibre du budget tunisien, et de plus on évitait de léser, comme nous l'avons déjà dit, par des changements trop brusques ou trop profonds, les intérêts locaux, nés des relations commerciales existant depuis longtemps entre la Tunisie et les autres Etats de l'Europe.

Le premier de ces décrets établit le nouveau tarif général, droits d'importation et d'exportation. Ses articles 1 et 2 fixent ces droits conformément à des tableaux annexés. L'article 3 abroge les tarifs à l'importation et à l'exportation actuellement en vigueur, à l'exception des dispositions du décret du 28 janvier 1898. Ce décret beylical du 28 janvier 1898 est relatif à l'entrée en franchise en Tunisie de certaines marchandises et objets[1]. Ces marchandises, dont nous citons les principales, sont, dit l'article 1er : « les effets des passagers et voyageurs lorsqu'ils présentent des traces évidentes d'usage, les objets de toute nature (notamment les objets d'ameublement, les habillements, le linge, la verrerie, la vaisselle, les livres, les pianos et autres instruments de musique, l'argenterie, les ustensiles de ménage, etc..., à l'exclusion des provisions de ménage, voitures suspendues, chevaux et harnais) composant le mobilier des émigrants quand ils sont notoirement destinés à l'usage des importateurs et de leur famille et qu'ils ne sont pas en trop grand nombre, ainsi que dans les mêmes conditions : les outils, les instruments d'arts libéraux ou mécaniques, les matériels agricoles et industriels, les trousseaux, les objets destinés aux collections des musées. »

Les articles suivants énumèrent aussi : les échantillons, les chevaux et voitures, les marchandises tunisiennes réexportées, quand il a été fait des réserves lors de leur exportation et enfin les fûts destinés à l'exportation des vins, des huiles et du poisson, qui peuvent être importées temporairement en franchise de l'étranger. Ces marchandises ne peuvent être qu'en nombre restreint et sont sans grande importance.

Enfin, l'article 1 du décret du 2 mai 1898 porte une disposition à valoir à ce moment même; elle concerne les produits dont les importateurs auront justifié, en due forme, dans les quinze jours qui suivront la promulgation du présent décret, qu'ils ont été embarqués

[1] *Revue algérienne et tunisienne de Législation et Jurisprudence*, 1898, IIIe P., p. 81.

pour un port tunisien antérieurement à cette date ; ces produits seront admis aux conditions de la législation en vigueur au jour de leur embarquement.

Le deuxième décret du 2 mai 1898 admet en franchise en Tunisie certaines marchandises françaises et algériennes. Ces marchandises comprennent la majeure partie de nos grandes industries nationales, métaux, fils, tissus, machines, alcools, sucres, animaux vivants, laines, soies, huiles pures, d'olive, de ricin et de lin (les vins provenant exclusivement de la fermentation de raisins frais seront soumis au paiement d'une taxe fiscale de 10 0/0 de leur valeur); bien plus, comme cette franchise aurait pu ne pas constituer à elle seule une protection suffisante pour ces industries contre la concurrence étrangère, les droits sur les marchandises similaires d'origine étrangère sont calculés de manière à assurer la préférence à l'importation des produits français ; enfin, on a établi des droits protecteurs pour l'industrie française sur des marchandises de grande consommation, le sucre et l'alcool, que la métropole fournissait jusqu'ici en minime quantité et dont elle aura désormais, dans le pays, la vente exclusive, grâce à ces droits prohibitifs.

A la faveur du régime douanier qui prenait fin, le commerce local s'était développé d'une manière continue et la prospérité de la Régence s'était affirmée avec évidence. Une modification subite et radicale dans les courants commerciaux aurait risqué d'atteindre gravement les droits acquis, et aurait entraîné des pertes irréparables. Après avoir fait le sacrifice nécessaire à la situation nouvelle et que réclamaient légitimement l'opinion et l'industrie de la métropole, après avoir ainsi reconnu le bienfait que la Tunisie tenait des faveurs ou des franchises concédées à quelques produits tunisiens par la loi du 19 juillet 1890, il convient, semble-t-il, de maintenir provisoirement et en partie le *statu quo* quant au surplus des importations.

Cependant le gouvernement de la Régence ne pouvait pas perdre de vue que la protection accordée aux importations françaises qui ne seraient plus concurrencées par aucun produit similaire étranger aurait pour conséquence une majoration des prix au détriment des consommateurs tunisiens. Prenant ce résultat en considération, toutes les franchises que les décrets beylicaux antérieurs ont concédées aux habitants de la Régence sont conservées, ce qui fait l'objet du décret beylical du 28 janvier 1898[1].

Enfin, ainsi que le dit le rapport du Résident général au Bey, on s'efforcera de compléter ce plan par le dégrèvement notable, en attendant leur disparition complète des droits d'exportation qui surchargent la production, et les charges seront ainsi équilibrées autant que possible, ainsi que l'intérêt de la colonisation le commande.

Le troisième décret du 2 mai 1898 établit des droits de consommation sur le sucre et l'alcool. Ces droits de consommation frappent les sucres bruts d'un droit de 6 fr., les raffinés de 10 fr. et les candis de 25 fr.; les alcools purs contenus dans les eaux-de-vie en cercles bouteilles et fruits à l'eau-de-vie, dans tous les vins, l'alcool

[1] *Revue algérienne et tunisienne de législation et jurisprudence*. 1898, IIIe p., p. 123.

pur excédant 15° 9 contenu dans les vins naturels alcoolisés ou non alcoolisés, dans les eaux distillées alcooliques, les parfumeries, vernis et autres produits, l'alcool employé dans les médicaments et produits chimiques, les absinthes et eaux-de-vie et liqueurs sont considérées comme titrant 60°; tous ces alcools payent un droit de 50 fr. par hectolitre d'alcool pur. L'article 5 décide que les quantités de ces produits existant en Tunisie à cette date seront soumises aux droits de consommation.

En effet, par suite de la franchise accordée à certains produits français et aux dégrèvements opérés, un fort déficit budgétaire allait s'ensuivre par suite de la diminution des recettes douanières. Le Gouvernement pensa qu'il fallait de toute nécessité compenser cette perte et tout naturellement il fut amené à frapper d'autres produits. C'est aux produits de consommation que ce sacrifice a été demandé : le sucre, le café et les autres denrées coloniales qui sont frappés dans tous les pays. Il n'y a pas de réforme fiscale qui puisse se passer d'en faire état. Comme ils sont d'une consommation universelle, l'impôt se répartit par minimes fractions, de manière à être moins appréciable pour chacun. Ce qui importait, c'était de les imposer modérément afin qu'un renchérissement trop grand des choses nécessaires à la vie ne s'ensuivît pas, et c'est ce qui a été obtenu. L'alcool et le sucre sont frappés sous deux formes : d'abord un droit de douane de 10 à 15 fr. par hectolitre d'alcool et un droit de consommation à l'intérieur de 50 fr. par hectolitre. Le café et les autres denrées coloniales payent un seul droit de douane [1].

[1] M. Estoublon, *à son cours*.

Nous ne pouvons mieux apprécier cette réforme douanière accomplie par les trois décrets du 2 mai 1898 qu'en citant les paroles que le Résident général adressait au Bey à propos de cette question dont la solution était si urgente : « Nous savons que cette solution n'est pas complète, et il n'est pas dans notre pensée de lui attribuer un caractère définitif. Elle a du moins le mérite de donner à notre politique économique l'orientation qui convient, de ménager les intérêts locaux autant qu'il se pouvait, d'ouvrir enfin plus largement au pays protecteur un marché dont le développement lui importe au premier chef et dont il eût été imprudent de paralyser l'essor par l'application prématurée des théories absolues. »

En résumé, actuellement le régime douanier est fixé par le tarif général contenu dans le décret du 2 mai 1898. Ce tarif est applicable à tous les Pays qui n'ont pas traité avec la Régence ; toutefois, ce tarif général est modifié d'abord en faveur de certains produits français par le deuxième décret du même jour, puis en faveur de certains objets, quelle qu'en soit la provenance, par le décret beylical du 28 janvier 1898 ; d'autre part, en ce qui concerne les produits des Etats étrangers signataires des conventions de 1896 et 1897, les droits de ce tarif général doivent se tenir dans la limite du tarif minimum français fixé par la loi douanière du 11 janvier 1892, et si, dans ces limites, les droits sont réduits en faveur d'un de ces Etats, cette réduction doit être appliquée aux autres, tandis que cettte double restriction ne s'applique pas aux Etats qui n'ont pas de convention avec la Régence et n'ont pas le traitement de la nation la plus favorisée.

Par exception à la règle générale qui ne fixe pas les tarifs mais un maximum, les cotonnades anglaises et par suite celles des autres pays, signataires de conventions, bénéficient, pendant 15 ans, d'une réduction de droits : 5 0/0 au lieu de 8 0/0, taux du tarif général [1].

Ainsi donc, nous connaissons toute la question douanière tunisienne depuis l'origine, et plus récemment depuis le Protectorat jusqu'à nos jours, en passant par le régime transitoire de la loi du 19 juillet 1890, et les divers décrets beylicaux modifiant le tarif général des douanes ou admettant à tarif de faveur certains produits, et que nous avons fait connaître en temps et lieu.

II. — *La Tunisie en 1898. Dernières modifications à la législation douanière en 1899.*

Le nouveau régime douanier a naturellement eu sa répercussion sur la situation générale économique et financière de la Régence et l'année 1898 a encore accentué le mouvement ascensionnel de la Tunisie au point de vue de la production et du commerce. Le chiffre global de l'importation et de l'exportation réunies s'est élevé à 97.717.989 francs, dépassant de 7 millions le total de 1897 ; sur ce total, la France, Algérie comprise, a bénéficié de 5.312.057 francs, la part de son commerce ayant été de 62.078.076 francs au lieu de 56.766.019 francs en 1897. L'augmentation du commerce tunisien est surtout due aux exportations qui ont passé de 36.730.871 francs en 1897 à 44.196.837 francs en 1898.

[1] M. Estoublon, *à son cours*.

Des réformes financières très importantes ont été accomplies en 1898; elles sont la conséquence du remaniement complet du régime douanier, opération capitale, désirée depuis si longtemps et dont les conséquences économiques étaient alors incalculables.

Le gouvernement tunisien, jouissant dès lors d'une entière liberté d'action relativement aux monopoles, pouvait appliquer aux produits de toute origine des droits d'accise, d'octroi ou de consommation, perçus sur les similaires tunisiens.

Nous savons déjà qu'en vertu d'un décret beylical du 2 mai 1898, la franchise à l'importation est accordée à la majeure partie des grandes industries de France ; deux décrets beylicaux des 21 novembre et 3 décembre 1898 complètent cette liste (vins, eaux-de-vie, liqueurs, alcools, sucres, fils, tissus, métaux, ouvrages en métaux, etc...). Il n'a pas paru possible d'aller plus loin, avons-nous déjà dit, dans cette voie. Les avantages ainsi concédés aux importations françaises se traduisaient en effet par des moins-values qui n'ont pu être comblées qu'en grévant particulièrement certaines catégories de marchandises, notamment les denrées coloniales, et en frappant le sucre et l'alcool d'un droit général de consommation. Le *statu quo* a donc été maintenu quant au surplus des importations. Pour compenser même le relèvement de prix des objets surtaxés, le gouvernement a laissé subsister toutes les franchises préexistantes et réduit d'une manière notable les droits d'exportation qui surchargeaient la production.

Les marchandises qui ont profité de la réduction des droits à l'exportation sont les dattes, les éponges, les huiles, les déchets de peaux et les peaux, enfin les poissons secs, salés, marinés ou conservés.

Enfin, l'année 1898 a vu l'institution du monopole des allumettes et des cartes à jouer, suggérée par la Conférence consultative[1].

Voici le tableau récapitulatif du commerce de la Tunisie (exportations et importations) pendant l'exercice 1898, avec l'indication des principaux pays de destination et de provenance ; valeurs en francs[2] :

	EXPORTATIONS	IMPORTATIONS
France	24.991.569	29.875.731
Algérie	5.137.120	2.073.656
Angleterre	6.182.812	6.566.797
Autriche-Hongrie	231.280	782.445
Belgique	929.673	2.597.864
Italie	3.913.014	4.159.152
Malte	1.109.272	1.089.116
Russie	2.388	4.417.342
Suède et Norvège	5.991	380.183
Autres pays	1.693.718	1.578.866

Avant de terminer l'exposé de la situation économique de la Régence à la fin de 1898, nous devons citer quelques décrets qui intéressent le commerce général tant au point de vue économique qu'au point de vue fiscal :

1° Deux D. B. des 9 et 12 juillet 1898 instituant, le premier le monopole des allumettes chimiques, le second celui des cartes à jouer.

2° Un D. B. du 2 août 1898, ouvrant à l'importation

[1] *Rapport au P. de la R. sur la situat. de la T.*, 1898, p. 34 et 35.
[2] *Rapport au P. de la R. sur la situat. de la T.*, 1898, p. 109.

du bétail marocain et tunisien des bureaux de douane aux frontières est et ouest de l'Algérie (décret algérien du 24 juillet 1890).

3° Un D. B. du 29 août 1898, relatif au régime des alcools employés au vinage et au mutage des vins d'exportation.

4° Un D. B. du 3 décembre 1898, affranchissant des droits de douane à l'importation les pompes pour l'irrigation et les moulins à vent destinés à les actionner [1].

Enfin nous devons encore ajouter certains décrets de 1899, présentant quelque intérêt, que nous avons tirés de la *Revue algérienne et tunisienne de Législation et Jurisprudence.* — L'étude de l'année 1899 a dû être très limitée par nous, les documents portant sur elle n'étant pas encore parus, à l'exception de la revue précitée. Voici ces décrets :

Le D. B. du 3 février 1899, affranchissant du droit de consommation les médicaments, produits chimiques et autres produits obtenus par la dénaturation de l'alcool ;

Le D. B. du 20 mai 1899, modifiant l'article 11 du D. du 3 octobre 1884, sur les douanes. Il a trait aux prohibitions ; ces prohibitions, il importe de les maintenir, elles intéressent en effet le trésor, mais encore plus l'agriculture, la santé et la sécurité publiques Ce décret du 20 mai renforce les moyens donnés à l'administration pour faire respecter ces prohibitions, les moyens actuels de répression semblant insuffisants en l'état actuel de la législation ;

Le D. B. du 18 mai 1899, modifiant les droits de

[1] *Rev. algér. et tun. de Lég. et Jurisprud.*, années 1898 et 1899.

fabrication et de douane à l'importation sur les savons;

Enfin, le D. B. du 16 avril 1899, promulguant en Tunisie la convention de commerce et navigation, conclue le 1 juin 1897 entre les gouvernements français et bulgare. Cette convention accorde à la Bulgarie, en Tunisie, le traitement de la nation la plus favorisée.

Tel est l'état actuel de la législation douanière en Tunisie.

CONCLUSION

Nous voici arrivés au terme de notre étude. Parmi la foule des questions qui pourraient se présenter à nous après l'étude que nous venons de faire, nous nous proposerons d'examiner celles-ci comme conclusion : de quel régime douanier faut-il doter une colonie nouvelle ? Que penser du régime douanier tunisien et de sa transformation que nous avons vu s'accomplir ?

1o Très important pour un Etat constitué, le régime douanier devient une condition de vie ou de mort pour une colonie. Tout dépend du régime adopté, au point de vue économique, comme au point de vue politique, financier, social. Eh bien, ici qu'il nous soit permis de faire une légère critique contre le système trop souvent employé dans nos colonies. Quand au bout d'efforts inouïs, de grosses dépenses et de pertes de vies precieuses, nos soldats nous ont conquis un pays, nous avons pour habitude d'y installer une administration coûteuse à rouages compliqués, avec un tarif de douanes élevé, brochant sur le tout. Ces droits de douane sont élevés, la plupart du temps, pour plusieurs raisons : 1o Il faut qu'ils rapportent à la colonie, qui a été immédiatement pourvue d'un budget et a besoin de recettes ; 2o il faut éloigner les produits étrangers qui pourraient concurrencer les nôtres, alors que par contre les produits français entreront en franchise ou presque et que de plus les denrées indigènes sont assurées de se heurter à un tarif fortement protecteur à leur entrée dans la métropole. Que penser de ce régime douanier? Est-il bien conforme à nos intérêts — politiques économiques ?

Politiques. — Que peuvent penser les autres nations d'une occupation française comportant de pareilles conséquences, si alors que nous occupons un pays, ils ne peuvent plus y commercer, si des droits fort lourds pèsent sur eux, perçus souvent par une administration tracassière? Les nations européennes, l'Angleterre surtout, qui vit de son commerce mondial, ne craint rien autant que de nous voir nous établir quelque part, sachant que notre occupation et la ruine de son commerce sont choses qui coïncident le plus souvent. Il y a déjà longtemps que notre protectorat serait établi au Maroc par les soins d'une habile diplomatie séculaire sans le mauvais vouloir de l'Angleterre, causé par la crainte de nos droits de douane en cas d'occupation française. A ce point de vue politique nos droits de douane protecteurs, qui veulent donner quand même des débouchés immédiats à la métropole, semblent ne pas donner toute satisfaction.

Economiques. — Quand ces droits sont établis *in principio*, l'agriculteur indigène, qui est la base de toute population coloniale sur laquelle tout repose, ne peut plus se procurer les objets de première nécessité, les machines agricoles qu'il serait en droit de demander à la civilisation qui vient au-devant de lui. Il n'a que peu, très peu de capitaux, pourquoi lui faire payer plus cher dans ces conditions une semeuse ou une charrue? Pour protéger la production française. Alors qu'il aurait pu s'en procurer une de fabrication américaine par exemple, meilleur marché, si les tarifs de douane n'avaient pas existé. Un exemple semblable pourrait être pris pour le vêtement consistant surtout en cotonnade, ou pour les objets de première nécessité. Avec ce système de faire payer immédiatement à l'indigène tous ces droits, afin que la colonie fassse des recettes aussitôt, on compromet l'avenir. Charger cet indigène de lourds impôts de consommation, n'est-ce pas le priver d'un capital très nécessaire qu'il emploierait en aménagements de terre, ou en achats de machines agricoles? C'est en un mot le ruiner dès le début et tuer la poule aux œufs d'or.

— Voilà ce qui est trop souvent fait dans nos colonies. Voilà ce à quoi il faudrait remédier et ne pas toujours écouter les réclamations, ridicules quelquefois, des producteurs métropolitains. N'a-t-on pas vu au moment de l'établissement du tarif douanier indochinois, les porcelainiers de Limoges demander à être protégés contre la concurrence que les faïences de cette colonie pourrait leur faire. Il ne faut pas oublier que le vase ou le plat qui vaut, à Limoges, 1 fr. et 1 fr. 50 coûte 5 ou 10 centimes fabriqué par un Cochinchinois. Avec des écarts de prix pareils, les droits de douane ne doivent pas être frappés, sous peine d'empêcher tout développement de l'industrie coloniale visée.

Il faut donc à une colonie nouvelle un régime libéral; au début l'indigène doit être encouragé au travail, et non surchargé de droits, il faut qu'il soit attiré à notre civilisation, par les avantages qu'elle lui procure.

Quand il aura apprécié nos méthodes, quand il aura reconnu leur supériorité, il aura foi en nous, le goût lui sera venu de nos produits, alors nous pourrons relever nos tarifs, peu à peu penser à la métropole, faire profiter notre production française de nouveaux débouchés qui pour être un peu plus tardifs n'en seront que plus sûrs, plus durables et partant plus rémunérateurs. Les nations doivent prévoir à de grandes distances, leur vie est longue, leurs pensées doivent embrasser une longue période de temps comme leurs résultats sont à longue échéance. Cette manière d'agir d'ailleurs est plus humaine et plus conforme à la grande idée que tous, en France, nous avons de la civilisation. Nous ne sommes pas des Anglais, nous n'avons pas comme eux des wagons spéciaux aux Indes dans lesquels les seuls Anglais peuvent monter. Nos wagons aux colonies emportent sur les mêmes bancs français, étrangers, indigènes. L'amélioration de la condition matérielle, économique de l'indigène, ainsi réalisée a cet avantage incontestable qu'elle est aussi profitable à nos intérêts économiques français que conforme à la justice et à nos doctrines humanitaires; mais l'évolution de ce système, très libéral au début, se fera dans un sens restrictif peu à peu, quand l'indigène sera plus aisé, plus accoutumé à notre législation, à notre régime fiscal, à sa nouvelle vie, il pourra payer des droits de douane, il les supportera alors facilement, et au point de vue politique, nous n'aurons plus, avec ce système, à craindre l'hostilité des grandes nations coloniales de l'Europe. Ce serait tout bénéfice, d'autant plus que ces droits de douane que nous frapperions alors, seraient établis en pleine connaissance de cause.

II° Que penser maintenant du régime douanier tunisien? Ce régime a beaucoup varié. Le résumé de son évolution et de ses résultats est simple.

Le Protectorat français prit une ferme direction en Tunisie, dès le début, une administration zélée, par les mesures les plus sages et les plus éclairées donne une bonne impulsion aux travaux de tous genres, agricoles et industriels, car la tranquillité de la Régence est parfaite et le travail redevenu possible, nos colons affluent, apportant à l'agriculture et à l'industrie tunisiennes, nos méthodes européennes perfectionnées; cependant la situation n'est pas beaucoup plus prospère qu'avant notre protectorat. Une gêne qui s'accentue rapidement se fait sentir dans les relations commerciales internationales. La faute en est aux douanes. Combien de produits tunisiens payent un droit d'exportation à leur sortie de la Régence et un autre à l'importation dans le pays destinataire, et c'est en France la plupart du temps que ce droit est le plus élevé. Quel bénéfice restera-t-il au producteur? Comment veut-on que dans ces conditions la colonisation prospère? Les capitaux ne font pas de sentiment. Ne pouvant exporter en France, dirent les colons, nous expédierons nos produits en Italie ou à Malte où les droits sont moindres ou nuls. Les exportations baissent donc considérablement avec la France, et la France en pâtit aussi. Elle achète des vins espagnols et n'en prend pas dans notre colonie tunisienne. Nous savons combien au début de l'année 1890 les réclamations contre cet ordre de choses devinrent violentes et se précisèrent. Les colons reprochent alors au Parlement français de les sacrifier aux producteurs nationaux, eux qui vont porter au loin la civilisation et le drapeau national. La seule excuse du Gouvernement français fut que notre liberté douanière se trouvait paralysée par des accords internationaux gênants mais antérieurs. Quand enfin la loi du 19 juillet 1890 est votée, la prospérité renaît, ce qui démontre clairement quel immense tort faisaient aux produits tunisiens les droits presque prohibitifs du tarif français.

Le Parlement français comprit à temps le danger que courait la Tunisie et le vote de la loi douanière du 19 juillet 1890 rendit confiance à tous en donnant un débouché facile à l'exportation tunisienne. Cette loi est une preuve évidente que les droits de douane frappant à l'entrée en France les produits tunisiens leur étaient particulièrement funestes d'ailleurs les marchandises visées à l'article 3 de cette loi, c'est-à-dire celles qui ne profitent d'aucun avantage, ne vont pas plus en France qu'avant et prennent toujours le chemin de l'Etranger.

Cette situation transitoire dura de 1890 à 1898 et permit à la Tunisie de vivre. Mais ce ne fut vraiment qu'en 1898, c'est-à-dire tout récemment, que la Tunisie eut enfin un vrai régime douanier adopté à sa nouvelle constitution économique. En 1898, tous les arrangements diplomatiques se référant au commerce sont conclus et, dès le 2 mai, le nouveau tarif douanier est arrêté, constituant pour la Tunisie comme pour la France une situation meilleure qu'avant, la France se voyant désormais traitée plus favorablement que la nation la plus favorisée.

Le régime douanier tunisien, nous semble-t-il, est une preuve de ce que nous avancions au commencement de cette conclusion. Si au début de notre occupation dans la Régence les tarifs douaniers n'étaient pas si libéraux relativement que ceux que nous avons préconisés, c'est que la Tunisie n'était pas un pays neuf et que des conventions internationales antérieures liaient la Régence. Dans la mesure du possible, le gouvernement beylical entreprit, par un travail lent mais continu, au moyen de décrets, le dégrèvement à l'importation et surtout à l'exportation, des denrées qui payaient le plus et en ceci il se rapprochait de notre idée de libéralisme commercial initial.

Cette idée fut poursuivie, et la loi de 1890 n'est que la réalisation plus complète par cet acte législatif d'une liberté commerciale plus étendue. Sans doute, cette liberté est bien restreinte, mais elle existe autant que possible, étant données les circonstances et les conditions complexes dans lesquelles la question se présentait. Les résultats furent bons, est-il nécessaire de l'ajouter. C'est ici que nous faisons terminer, d'après notre théorie, la phase de liberté commerciale relative. La révision des traités tunisiens, le nouveau tarif douanier, les avantages concédés à la France, ouvrent la deuxième phase : celle des avantages accordés aux produits métropolitains.

Alors, en effet, si l'indigène, qui est musulman, n'est pas encore accoutumé à nos habitudes, du moins il a adopté certains de nos usages, de nos procédés de culture ou de vie, rendant l'emploi de nos produits nécessaire. Il s'est procuré une certaine aisance dans le commerce, l'industrie et plus encore dans l'agriculture ; un certain bien-être commence pour lui ; il est naturel que la production française que l'indigène commence à apprécier, songe à se faire attribuer des avantages mérités. Elle les a obtenus aujourd'hui en Tunisie, à ce point que sur tous les articles importants que la France produit, elle a un monopole de fait et de fort beaux bénéfices.

Le régime douanier tunisien a donc suivi une excellente voie, avançant progressivement et au fur et à mesure des besoins du pays, si bien que la Tunisie, aujourd'hui, est dans une situation si brillante qu'on peut la placer au premier rang de ces vastes territoires que la France, quoi qu'on dise, est encore si habile à conquérir et à administrer.

APPENDICE

Traité entre le gouvernement de la République française et le Bey de Tunis.

Le Gouvernement de la République Française et celui de son altesse le Bey de Tunis, voulant empêcher à jamais le renouvellement des désordres qui se sont produits récemment sur les frontières des deux États et sur le littoral de la Tunisie, et désireux de resserrer leurs anciennes relations d'amitié et de bon voisinage, ont résolu de conclure une convention à cette fin, dans l'intérêt des deux Hautes Parties contractantes.

En conséquence, le Président de la République Français a nommé pour son plénipotentiaire M. le général Bréart, qui est tombé d'accord avec son Altesse le Bey sur les stipulations suivantes.

Article premier. — Les traités de paix, d'amitié et de commerce et toutes autres conventions existant actuellement entre la République Française et son Altesse le Bey de Tunis sont expressément confirmés et renouvelés.

Art. 2. — En vue de faciliter au Gouvernement de la République Française l'accomplissement des mesures qu'il doit prendre pour atteindre le but que se proposent les Hautes Parties contractantes, Son Altesse le Bey de Tunis consent à ce que l'autorité militaire française fasse occuper les points qu'elle jugera nécessaires pour assurer le rétablissement de l'ordre et la sécurité des frontières et du littoral.

Cette occupation cessera lorsque les autorités militaires française et tunisienne auront reconnu, d'un commun accord, que l'administration locale est en état de garantir le maintien de l'ordre.

Art. 3. — Le gouvernement de la République Française prend l'engagement de prêter un constant appui à son Altesse le Bey de Tunis contre tout danger qui menacerait la personne ou la dynastie de son Altesse ou qui compromettrait la tranquillité de ses Etats.

Art. 4. — Le gouvernement de la République Française se porte garant de l'exécution des traités actuellement existants entre le gouvernement de la Régence et les diverses puissances européennes.

Art. 5. — Le gouvernement de la République Française sera représenté auprès de son Altesse le Bey de Tunis par un Ministre résident, qui veillera à l'exécution du présent acte, et qui sera l'intermédiaire des rapports du Gouvernement français avec les autorités tunisiennes, pour toutes les affaires communes aux deux Pays.

Art. 6. — Les agents diplomatiques et consulaires de la France en pays étrangers seront chargés de la protection des intérêts tunisiens et des nationaux de la Régence.

En retour, Son Altesse le Bey s'engage à ne conclure aucun acte ayant un caractère international sans en avoir donné connaissance au Gouvernement de la République Française et sans s'être entendu préalablement avec lui.

Art. 7. — Le gouvernement de la République Française et le gouvernement de son Altesse le Bey de Tunis se réservent de fixer d'un commun accord, les bases d'une organisation financière de la Régence qui soit de nature à assurer le service de la dette publique et à garantir les droits de créancier de la Tunisie.

Art. 8. — Une contribution de guerre sera imposée aux tribus insoumises de la frontière et du littoral. Une convention ultérieure en déterminera le chiffre et le mode de recouvrement, dont le gouvernement de son Altesse le Bey se porte responsable.

Art. 9. — Afin de protéger contre la contrebande des armes et des munitions de guerre les possessions algériennes de la République Française, le gouvernement de Son Altesse le Bey de Tunis s'engage à prohiber toute introduction d'armes ou de munitions de guerre par l'île de Djerba, le port de Gabès ou les autres ports du sud de la Tunisie.

Art. 10. — Le présent traité sera soumis à la ratification du Gouvernement de la République française, et l'instrument de ratification sera remis à Son Altesse le Bey de Tunis, dans le plus bref délai possible.

Casr-Saïd, le 12 mai 1881 [1].

Mohammed-es-Sadoq, Bey.
Général Bréart.

[1] Traité approuvé par la loi du 27 mai 1881, et ratifié le 9 juin 1881.

19 juillet 1890. Loi, *portant modification du tarif général des Douanes, en faveur de certains produits originaires de la Tunisie* (*Journal officiel*, 20 juillet 1890).

Article premier. — Sont admis en franchise, à l'entrée en France, les produits d'origine et de provenance tunisiennes ci-après dénommés :

Les céréales en grains;

Les huiles d'olive et de grignon, et les grignons d'olives;

Les animaux d'espèce chevaline, asine, mulassière, bovine, ovine, caprine et porcine ;

Les volailles mortes ou vivantes;

Le gibier mort ou vivant.

Art. 2. — Les vins de raisins frais, d'origine et de provenance tunisiennes, payeront, à leur entrée en France, un droit de 0 fr. 60 par hectolitre, en tant que leur titre alcoolique ne dépassera pas 11° 9; ceux dont le titre sera supérieur à 11° 9 payeront une taxe supplémentaire de 70 centimes par degré.

Art. 3. — Les autres articles d'origine et de provenances tunisiennes non dénommés ci-dessus payeront, à l'entrée en France, les droits les plus favorables, perçus sur les produits similaires étrangers.

Art. 4.— Sont exceptés des dispositions qui précèdent :

1° Les produits qui sont frappés de prohibition à l'entrée en France, par suite de monopoles de mesure sanitaire, etc.....

2° Les denrées désignées spécialement au tableau E [1] de la loi du 7 mai 1881.

[1] Café, sucre, cacao, chocolat, poivre, piment, etc..., c'est-à-dire les denrées coloniales que la Tunisie ne produit pas.

Art. 5. — Les traitements de faveur ci-dessus, accordés aux produits tunisiens, à leur entrée en France, sont subordonnés aux conditions suivantes :

A) Les produits devront venir directement et sans escale de Tunisie en France.

B) Ils ne pourront être expédiés que des 10 ports suivants de la Régence : Tunis, La Goulette, Bizerte, Sousse, Souissa, Monastir, Médhia, Sfax, Gabès et Djerba. Des décrets du Gouvernement de la République pourront, s'il y a lieu, modifier la liste de ces ports.

C) Les produits seront accompagnés d'un certificat d'origine, délivré par le contrôleur civil de la circonscription et visé, au départ, par un receveur des douanes de nationalité française.

L'exportation se fera à l'identique.

D) Chaque année, des décrets du Président de la République, rendus sur les propositions des ministres des Affaires étrangères, des Finances, du Commerce et de l'Agriculture, détermineront, d'après les statistiques officielles, fournies par le Résident général, les quantités auxquelles s'appliqueront les dispositions des articles 1, 2 et 3 de la présente loi.

Les produits tunisiens dénommés aux articles 1, 2 et 3 de la présente loi devront être importés par des navires français.

2 mai 1898. Décret du Bey, *établissant le tarif des droits d'importation et d'exportation* (*Journal officiel*, 3 mai 1898).

Article premier. — Le tarif des douanes relatif à l'importation est établi conformément au tableau A, annexé au présent décret.

Art. 2. — Le tarif des douanes relatif à l'exportation est établi conformément au tableau B, annexé au présent décret.

Art. 3. — Les tarifs à l'importation et à l'exportation actuellement en vigueur sont abrogés, à l'exception des dispositions du décret du 28 janvier 1898 (6 ramdane 1315).

Art. 4. — Les produits dont les importations auront justifié, en due forme, dans les quinze jours qui suivront la promulgation du présent décret, qu'ils ont été embarqués pour un port tunisien, antérieurement à cette date, seront admis aux conditions de la législation en vigueur au jour de leur embarquement.

2 mai 1898. Décret du Bey, *établissant des droits de consommation sur le sucre et sur l'alcool.*

Article premier. — Des droits de consommation, dont la quotité est déterminée au tableau annexé au présent décret, sont établis sur les produits énumérés audit tableau.

Art. 2. — Des règlements spéciaux fixeront le mode de perception de ces droits, par l'administration des contributions diverses, sur les produits tunisiens qui y sont soumis. Les mêmes produits importés paieront lesdits droits, au moment de l'importation, à la diligence de l'administration des douanes.

Art. 3. — Dès la mise en vigueur du présent décret tout fabricant ou producteur d'alcool, esprits, eaux-de-vie, liqueurs et autres produits à base d'alcool sera tenu de faire, au bureau des contributions diverses, une déclaration faisant connaître le lieu et la nature de sa fabrication, ainsi que des moyens de production dont il dispose.

Art. 4. — Tout fabricant, commerçant ou détenteur de produits désignés à l'article précédent sera tenu de déclarer, en même temps, l'espèce et la quantité de ceux existant en sa possession. Lesdits fabricants, commerçants ou détenteurs seront assujettis aux vérifications des agents de l'administration dans les conditions prévues par le décret du 8 juillet 1891, relatif à la fabrication du savon.

Art. 5. — Les quantités existantes de produits désignés à l'article 3 seront soumises aux droits de consommation. Y seront soumises également les quantités de sucres importées ou déclarées à la consommation à dater de ce jour. Le paiement des droits exigibles aura lieu au comptant ou pourra être effectué à terme, au moyen d'obligations cautionnées.

Art. 6. — Les contraventions aux dispositions du présent décret et à celles des règlements spéciaux qui interviendront pour son exécution seront punies d'une amende de 500 francs à 5.000 francs, indépendamment de la confiscation des produits en fraude et du remboursement des droits fraudés.

DÉSIGNATION DES MARCHANDISES	UNITÉS de PERCEPTION	QUOTITÉ des DROITS
Sucres bruts	les 100 kilos	6 »
Sucres raffinés, autres que candis	—	10 »
— candis	—	25 »
ALCOOLS		
Alcool pur contenu dans les eaux-de-vie et esprits en cercle, eaux-de-vie et esprits en bouteilles, liqueurs et fruits à l'eau-de-vie		
Alcool pur contenu dans les vins de composition, les vins de raisins secs, les vins étendus d'eau et remontés après coup par le vinage, les vins de marcs, les vins mutés à l'alcool..		
Alcool pur excédant 15°9 contenu dans les vins naturels alcoolisés ou non alcoolisés.		
Alcool pur contenu dans les eaux distillées alcooliques, les parfumeries alcooliques et vernis à l'alcool et tous autres produits retenant de l'alcool à l'état de mélange	l'hectolitre d'alcool pur	50 »
Alcool employé à la préparation des médicaments, produits chimiques et autres produits obtenus au moyen de la dénaturation de l'alcool.......		
Les absinthes, eaux-de-vie et liqueurs en bouteilles seront considérées comme titrant 60°. Les bouteilles seront comptées pour un litre et les demi-bouteilles pour un demi-litre, et les droits perçus en raison de ces contenances.......................		

2 mai 1898. Décret du Bey *admettant en franchise en Tunisie certaines marchandises françaises et algériennes* (*Journal officiel tunisien*, 3 mai 1898).

Article premier. — Les produits français et algériens énumérés au tableau annexé au présent décret seront admis en franchise de tous droits de douane.

Articles des Anciens Traités *se référant à la clause de la nation la plus favorisée.*

1° Avec la **Suède** (Traité du 23 décembre 1736).

Art. 21. — Les sujets de la Suède, soit demeurant dans la Tunisie ou négociant sur quelque place de sa dépendance, payeront pour leurs effets et marchandises, de quelque nation ou de quelque pays qu'ils soient, en tout 3 0/0 de leur valeur en droit d'entrée et autant en droit de sortie, et pas davantage ; mais pour les effets qui n'ont pu être vendus après avoir été introduits dans le Royaume par des sujets suédois, ils auront la liberté de les exporter avec quelque vaisseau et pour où il leur plaira sans payer quelque douane ou droits.

Art. 22. — Cet article porte que les bâtiments suédois auront, à l'instar des Anglais, le privilège de payer seulement les droits suivants :

A l'Oda-Bascia............	1/2 piastre		
Aux Chiaoux de la douane.	1 p. 1/4		
Au Wékil-Harge..........	3 p.		4 aspres
A l'interprète de la nation.	6 p. 1/4		
En tout...	12 piastres	et	4 aspres

2° Avec la **Hollande** (Traité du 9 septembre 1741.)
Traduction.

Art. 2. Les navires et les bâtiments des hauts et puissants seigneurs, les Etats généraux et leurs sujets auront liberté d'entrer dans tous les ports et d'aborder aux plages de la Régence de Tunis, où ils pourront vendre et acheter toute marchandise et jouir de tous les privilèges dont jouissent les nations anglaise et française ; ils payeront seulement à la douane 3 0/0 sur toutes les marchandises qu'ils amèneront sur leurs bâtiments ; et pour le transport des marchandises, tant pour charger que pour décharger, ils payeront le tarif français et non autrement. (*...pagheranno secondo la tariffa francese e non altrimenti.*)

Art. 18. Il est également convenu que toutes les marchandises qui viendront de France en Tunisie pour le compte de Hollandais ne payeront d'autre droit de douane que le même droit de 3 0/0 que payent les marchandises françaises similaires.

(Art. 18. — *E similmente accordato, che tutte le mercanzie, che venissero di Francia per conto di Olandesi, in questo regno, non devino pagare altro di diritto di dogana, se non l'istesso, che pagano i medesimi francesi di tre per cento e non altrimenti.*)

3° Avec le **Danemark** et **Norvège** (Traité du 8 décembre 1851).

Art. 18. — Tous les sujets danois qui s'établissent dans ce Royaume ne payeront pour les navires et biens venant du Royaume de Danemark que 3 0/0 d'entrée et de sortie ; mais au cas qu'ils prennent leur cargaison d'endroits qui ne sont pas en bonne intelligence avec le Royaume, ils en payeront 8 0/0 comme toutes les autres nations.

4° Avec l'**Espagne** (traité de janvier 1791).

Art. 10. — Les sujets et négociants espagnols qui iront faire le commerce dans les échelles et ports quelconques de la Régence de Tunis, qui déchargeront leurs marchandises pour les vendre, ne paieront que les mêmes droits de douane que paient les négociants français. Et les Tunisiens qui iront faire le commerce dans les ports d'Espagne, sur navires espagnols ou tunisiens, et qui déchargeront leurs marchandises pour les vendre, paieront les mêmes droits de douane que paient les autres Musulmans en Espagne.....

5° Avec la **Belgique** (traités du 14 janvier 1839 et du 20 décembre 1880).

Art. 3. — Il est convenu que les sujets belges pourront trafiquer librement avec les Tunisiens, en payant les droits établis;... S. A. le Bey s'engage, pour le présent et pour l'avenir, à faire participer les sujets belges à tous les avantages, faveurs, facilités et privilèges quelconques qui sont ou seront accordés à quelque titre que ce soit à l'autre nation, pour les navires, les équipages et les marchandises; ces avantages seront acquis aux Belges par la simple réclamation du consul... — Article 17 du traité du 20 décembre 1880... — Les sujets belges seront en outre admis de droit à jouir de toutes les immunités, exemptions et privilèges accordés ou qui seront accordés par la suite aux sujets ou aux citoyens de la nation la plus favorisée.

6° Avec l'**Autriche** (traité du 17 janvier 1856), Traduction.

Art. 2. — Il est convenu et établi que le Haut Gouvernement autrichien jouira et bénéficiera, sans aucune restriction, de tous les droits, faveurs, privilèges et immunités, et autres facilités de même ordre et importance qui sont ou qui seront accordés à l'avenir aux gouvernements amis, et, en conséquence, les sujets et navires autrichiens, en tout temps et en toute circonstance, seront traités, sous tous les rapports, dans la Régence de Tunis, sur le pied de la plus parfaite égalité avec les sujets et les navires de la nation amie la plus favorisée.

Art. 9. — Les marchandises importées et exportées sur navires autrichiens et celles importées des ports autrichiens et exportées vers eux et adressées à des sujets autrichiens demeurant dans la Régence de Tunis, ou expédiées de Tunis sous quelque pavillon que ce soit, ne paieront, à leur importation et exportation, de droits de douane, ni autres, ni plus élevés que ceux de la nation la plus favorisée. De même, les marchandises qui arriveront d'un pays quelconque et sous un pavillon quelconque, même de pays ennemi et en guerre avec la Régence, lorsqu'elles seront expédiées à un négociant ou à tout autre sujet autrichien, ne paieront que le droit obligatoire pour la nation la plus favorisée, sans aucune autre contribution quelconque.

7° Avec l'**Angleterre** (traité du 19 juillet 1875).

Art. 5. — Les sujets anglais, leurs navires, leur commerce et leur navigation jouiront, sans restriction ou diminution aucune, de tous privilèges, faveurs ou immunités accordés actuellement ou qui le seraient à l'avenir, aux sujets, aux navires, au commerce et à la navigation de quelque autre nation que ce soit...

Art. 7. — Il est en outre convenu que l'importation, dans le territoire d'une des parties contractantes, d'un article quelconque produit ou manufacturé par l'autre, ne sera jamais soumis à des droits autres ou plus élevés que ceux dont est grevée l'importation du même article produit ou manufacturé par quelque autre pays que ce soit.

Art. 18. — On ne percevra pas sur les navires britanniques de droits de ports, de pilotage, de phares, de quarantaine et d'autres taxes locales qui ne seraient exigées des navires tunisiens ou des navires de la nation la plus favorisée.

8° Avec la **Prusse** (convention du 27 juin 1866).

Le Gouvernement royal de Prusse et celui de Tunis ont convenu que, dorénavant, les sujets prussiens jouiront du droit d'acquérir et posséder, dans le territoire tunisien, des biens immeubles aux conditions fixées pour le même droit accordé aux sujets anglais, comme si le traité anglo-tunisien y relatif, conclu le 10 octobre 1863, correspondant au 26 Rabia-et-Tani 1280 de l'ère musulmane, signé au palais de La Goulette et contenant 17 articles, fût stipulé entre la Prusse et le gouvernement de Tunis.

Art. 17 (*in fine*). — Les sujets anglais (prussiens) pourront, en outre, se prévaloir de toutes les immunités, exemptions et privilèges accordés ou qui seront accordés à l'avenir aux sujets ou citoyens de la nation la plus favorisée.

9° Avec l'**Italie** (traité du 8 septembre 1868).

Article premier. — Tous les droits, privilèges et immunités qui ont été conférés aux représentants, aux citoyens et aux navires italiens, par les usages et les traités antérieurement existants entre le Royaume de Tunis et les États qui forment présentement le Royaume d'Italie sont confirmés et étendus à toute l'Italie, à l'exception des clauses qui seraient en désaccord avec l'un des articles de la présente convention ; il est, en outre, expressément entendu que tous les droits, privilèges et immunités que le Royaume de Tunis accorde à présent et pourrait accorder à l'avenir ou dont il permettrait la jouissance à quelque titre que ce soit, aux représentants, aux citoyens, aux navires et au commerce de toute autre puissance étrangère, seront accordés, *ipso facto*, aux représentants, aux citoyens, aux navires, au commerce et à la navigation du Royaume d'Italie.

De la même manière, les sujets et navires tunisiens continueront à jouir, en Italie, des droits qui leur ont été accordés par les traités antérieurs et seront admis à jouir des droits et faveurs qui sont ou qui seront accordés à toute autre puissance étrangère.

10° Avec les **Etats-Unis d'Amérique** (traité du 24 février 1824).

Art. 14. — Tous les navires appartenant aux citoyens et habitants des Etats-Unis auront la permission d'entrer dans les ports du Royaume de Tunis et feront librement le commerce avec les sujets et habitants de ce Royaume, en payant les droits ordinaires que payent les nations les plus favorisées qui sont en paix avec la Régence.

Vu :

Le Doyen, GLASSON.

Le président de la Thèse, ESTOUBLON.

Vu et permis d'imprimer :

Le Vice-Recteur de l'Académie de Paris,
GRÉARD.

TABLE DES MATIÈRES

Pages

Alençon. — Imprimerie Veuve Félix GUY et Cie

www.ingramcontent.com/pod-product-compliance
Ingram Content Group UK Ltd.
Pitfield, Milton Keynes, MK11 3LW, UK
UKHW020552180726
13838UKWH00001B/185

9 782329 377711